情商高就是
说话办事让人舒服

策划 / 盛世远航　　改编 / 刘刚

航空工业出版社

北　京

内 容 提 要

本书对说话办事的方法进行简单的阐述，通过大量的事例来进行论证，以便让理论更贴近实际，方便大家学习参考。本书用简单的笔触和明朗的语言将说话、办事的智慧进行点点滴滴的分析，希望读者能够通过该书感知到博大精深的人生艺术，逐渐成为一个高情商的人。

图书在版编目（CIP）数据

情商高就是说话办事让人舒服 / 刘刚改编. --北京：航空工业出版社，2019.1
ISBN 978-7-5165-1840-3

Ⅰ.①情… Ⅱ.①刘… Ⅲ.①心理交往—语言艺术—通俗读物 Ⅳ.①C912.1-49

中国版本图书馆CIP数据核字（2019）第006272号

情商高就是说话办事让人舒服
Qing Shang Gao Jiushi Shuohua Banshi Rangren Shufu

航空工业出版社出版发行
（北京市朝阳区北苑2号院　100012）
发行部电话：010-84936597　010-84936574

北京博艺印刷包装有限公司印刷	全国各地新华书店经售
2019年1月第1版	2019年1月第1次印刷
开本：787×1092　1/16	印张：15　　字数：200千字
印数：1—10000	定价：35.80元

前 言

每个人活在世上都渴望自己是一个让人喜欢的人，是一个成功的人。当前社会情势复杂多变，竞争日趋激烈，要想实现自己的理想，就必须做出自我调整去适应这个社会，努力符合适者生存的自然法则。那么，如何才能顺应时代的潮流，逐渐走向成功呢？唯一的办法就是让自己变成一个情商高、说话办事让人舒服的人。因为一个人的能力是有限的，想要获得成功，就必须有良好的人际关系，从而得到他人的帮助。这就要求人们都必须跟各种各样的人产生交集。

人际交往无非有两件事，一是说话，二是办事。说话看似简单，只要有嘴就能开口说，但是如何把话说得让人听起来舒服是一门高深的学问。人与人交往最重要的就是彼此待在一起感到开心舒服，所以语言就成了最重要的工具。然而不是每个人都能成功驾驭这个工具，他们渴望与人交流，渴望得到别人的帮助，但是在说话方面却不尽如人意。有些人，天生性格内向，遇到陌生人就不知道如何去沟通，每逢交流的时候，总感觉没有话题可谈，以至于与人聊天时经常陷入十分尴尬的境地，让对方失去了与之交流的兴趣；有的人说话直，经常心里有什么就说什么，不懂得顾及别人的感受，结果一张口就惹人不高兴，以至于一段好好的聊天因此而终结；有些人巧舌如簧，自认为能说会道，但是与人沟通时往往狂妄自大，对对方不够尊重，表面上一团和气，实际上对方已经心中颇有微词，打从心里不愿多与其交往；有的人侃侃而谈，口若悬河，但是说话没有一个明确的主题思想，与人沟通时虽然一直在说，但是别人却不知其所云，因此所有的表达都变成了无效沟通。总之这些情况都是人际交往中的主要困难，如果不能加以改善、克服，那么与人相处的过程中出现的诸多问题，就会使说话不仅难以成为促进成功的工具，反而会成为成功的阻碍。

办事是走向成功切实的手段，会办事的人往往把事情做得十分圆满，既达到自己的目的，也不会对他人产生任何不良的影响。即使需要别人的帮忙，对方也是心甘情愿。然而在办事上，很多人没有掌握办事的技巧，往往只顾自己眼前的利益，经常站在自己的立场上去看待问题，处理事情时忘记顾及他人的颜面，建立人际关系却不懂得维护，思维死板做事不懂得变通，这些都是办事时最致命的问题，一件原本很容易的事情，如果遇到这些办事方法，势必导致失败。

因此学习如何说话办事就成了每一个想要追求成功之人的必修课。针对人们的需求，本书对说话办事的方法进行简单的阐述，通过大量的事例来进行论证，以便让理论更贴近实际，方便大家学习参考。本书用简单的笔触和明朗的语言将说话、办事的智慧进行点点滴滴的分析，希望读者能够通过该书感知到博大精深的人生艺术，逐渐成为一个高情商的人。

最后，感谢广大读者对本书的阅读，希望您能从中获益，如在语言表述等方面有不当之处，真诚地期望您给予指正和理解。

第一章　成功后你会感谢那个会说话的自己

- 第一节　说好你的开场白 / 2
- 第二节　改掉命令式的说话习惯 / 5
- 第三节　别让错误称呼成为谈话的困扰 / 8
- 第四节　话题灵活方少尴尬 / 11
- 第五节　学会提要求 / 14

第二章　幽默而不失分寸是说话的至高境界

- 第一节　培养你的幽默感 / 18
- 第二节　幽默，平息战争的利器 / 21
- 第三节　别拿拙劣的玩笑当幽默 / 24
- 第四节　幽默需掌握分寸 / 27
- 第五节　借题发挥是高情商的幽默 / 30

第三章　为对方着想的话听起来更舒服

- 第一节　"如果是我"的说话心理 / 34
- 第二节　措辞得当的话最让人舒服 / 37
- 第三节　大家都能聊起来 / 40
- 第四节　投其所好未尝不可 / 43
- 第五节　心灵相通语言才动听 / 46

第四章　认同对方是对方认同你的前提

- 第一节　赞美对方是交际的基础 / 50
- 第二节　不要把对方逼上绝路 / 53
- 第三节　附和聆听的艺术 / 56

第四节 妥协是一种生活艺术 / 59
第五节 热情鼓励强过厉色责备 / 62

第五章 说话一定要说清楚

第一节 说话场合很重要 / 66
第二节 听众就是上帝 / 69
第三节 话不要说得太满 / 72
第四节 拒绝的艺术 / 75
第五节 说话语调的力量感 / 78

第六章 试着让忠言不再逆耳

第一节 尊重是直言相告的基础 / 82
第二节 说说你的悲伤，让对方欢乐一下 / 85
第三节 以柔克刚的劝谏 / 88
第四节 言简意赅效果更好 / 91
第五节 无视尴尬的聊天 / 94

第七章 说话前一个好的心态很重要

第一节 学着对生活微笑 / 98
第二节 "我能行"的力量 / 101
第三节 当众讲话不可怕 / 103
第四节 嫉妒是痛苦的根源 / 106
第五节 拥有宽容方能博爱 / 109

第八章 面对不同的人要说不同的话

第一节 看清对方的身份再说话 / 113
第二节 眼睛是心灵的窗户 / 115
第三节 看懂别人的身体语言 / 118
第四节 培养不同的说话方式 / 121

第五节　保留信任的余地 / 124

第九章　让自己的话更具技术含量

第一节　劝解因人而异 / 128

第二节　用事实说话 / 131

第三节　巧借名目沟通 / 133

第四节　有话当面说 / 136

第五节　巧妙避免不合理话题 / 139

第十章　能打动别人就是会说话

第一节　情理结合更具说服力 / 143

第二节　乘胜追击策略 / 146

第三节　藏起自己的"小尾巴" / 149

第四节　学会商量的艺术 / 151

第五节　语言逻辑不可忽视 / 154

第十一章　通过说话力挽狂澜就是高情商

第一节　巧妙应对冷遇 / 158

第二节　话不投机时转换思路 / 161

第三节　哪壶开了提哪壶 / 163

第四节　一视同仁好聊天 / 166

第五节　别让误会成为沟通障碍 / 169

第十二章　能把天聊死的话坚决不要说

第一节　嘴上快活未必真能快活 / 173

第二节　急躁容易让聊天"猝死" / 176

第三节　太过捍卫自己的观点不可取 / 178

第四节　谨慎他人的"逆鳞" / 180

第五节　不要轻易戳破别人的小心思 / 182

第十三章　选择恰当的方式办事才会让人更舒服

第一节　灵活办事，困难迎刃而解 / 185
第二节　学会求人，让对方难以说"不" / 188
第三节　事情成不成，时机很重要 / 191
第四节　亮出你的感情牌 / 194
第五节　众人拾柴火焰高 / 197

第十四章　关系良好的办事离成功更近

第一节　笑脸相迎好办事 / 201
第二节　主动占据先机 / 204
第三节　维护好你的关系网 / 207
第四节　真诚待人、诚信为本 / 210
第五节　注重自己形象也非常重要 / 213

第十五章　思虑周全办事不会惹人不开心

第一节　己所不欲勿施于人 / 217
第二节　学着让脑筋拐个弯 / 220
第三节　求人办事姿态放低点 / 223
第四节　顾全他人的颜面成全自己 / 226
第五节　宽容面对没有成功的帮助 / 229

PART 1
成功后你会感谢那个会说话的自己

第一节　说好你的开场白

　　人与人的交流大多从说话开始。很多时候，两个陌生人的第一句话就决定了他们未来的关系。这就是人们经常强调的首因效应。有研究显示，初次见面的第一句话往往会给人留下鲜明而牢固的印象，并且影响着听者对说话者的人格判断。如果你说的第一句话让人厌烦，那么对方就不愿意与你接近，更不要说有更深的接触了，从而你就失去了与其成为朋友或合作伙伴的机会。相反，如果你的第一句话就引起了对方的好感，那么你就会成为一个受欢迎的人。因此说好你的开场白，事实上就是建立一份关系的基础。

　　小张大学毕业好几年了，一直没有女朋友。最开始父母以为他想为事业拼搏不想谈恋爱分神，可是眼看到了结婚的年龄，他还是没有动静，父母按捺不住，托人给他介绍了不少女孩。可是每次相亲都以失败而告终，并且失败的理由都如出一辙——大家都说小张性格太腼腆。这下可让小张父母有点摸不着头脑。因为在他们眼中，小张是一个活泼开朗、热心肠的孩子，他跟周围的邻居和同学关系都很好，完全不是性格内向、腼腆的样子。

　　于是，父母决定一探究竟，后面的每次相亲，他们都跟在暗中观察，结果发现，每次做完自己介绍以后，小张就有些不知所措，对方问一句他答一句，否则就沉默不语，气氛尴尬到了极点。

　　回家后，每次询问状况，小张的回答都是"不知道说什么"。后来，父母实在为他着急，就找了一些说话办事方面的书籍给他看，并且教他应该怎样跟陌生人聊天，慢慢地，小张在陌生人面前才稍显自如一些，也终于有女孩愿意跟他进行多一点的沟通与了解了。

　　生活中有很多像小张这样的人，在熟人面前话很多，但是在陌生人面前就表现得格外腼腆羞涩，以致让人将本来活泼的性格误认为是太过于内向，从而失去交友的机会。与陌生人相处，大家一定会有很高的戒备心理。

这对于初次交往的人来说是一种障碍。如何用你的开场白冲破这道屏障关系着大家未来的相处状态。尤其是那些相貌平平，没有颜值担当的人，他们不能以美丽的外表吸引他人主动攀谈，只能管好自己的交流方式，引起他人继续交谈的兴趣，从而实现自己想要继续聊下去的意愿。

那么怎样说好开场白呢？我们必须要遵从这样一个原则，那就是消除陌生感，拉近彼此之间的距离。只有让对方感到亲切，谈话才会朝着好的方向发展。归纳起来，常见的方式有以下几种：

首先要保持微笑。俗话说，伸手不打笑脸人，这句话几乎适用于任何场合，微笑是拉近人与人之间关系的不二法宝。一个微笑看似简单，但是却能给人传递出很多信息，例如你是一个和蔼可亲的人；对于对方的第一印象是你接纳的；你对他人没有丝毫恶意等。如果你在开场白的时候能够做到微笑说话，那么对方就会慢慢地放下心中的戒备，向你敞开心扉。

其次学会攀谈。很多人初次见面，简单地自我介绍之后，就再也无话可说，气氛就会很尴尬。这时，你要从说话的过程中捕捉有效信息，例如，"真是太巧了，说起来我们也算是同乡了，我在你家乡附近生活了十年呢！""你和我的一个朋友是校友，上学那会经常会到你们学校玩的，不知道现在校园的景致有没有发生变化？"……无论怎样的关系，只要找到一处能够建立起联系的地方，就要充分将其利用起来，从而使两个人的关系更加亲近。

再次礼貌说话。初次见面，热情礼貌是最基本的要求。没有人不愿意受到他人的尊重。当你礼貌说话，别人也会以礼相待，不会对你无理。说话时要尽量使用尊称，例如您好、张哥、王老师、刘老先生等，既能表现出自己的谦逊，同时也能让别人因得到尊重而高兴。如果情势必要，你还可以表达一定的仰慕之情，例如"您的作品非常棒，我特别喜欢！""您的大名我早就听说了，今日一见，果然气度非凡！"……当然，仰慕的情感也要建立在真实的基础上，如果胡乱吹捧，反而会让人厌恶，失去继续与你交流的兴趣。

最后寻找对方的兴趣点。想要与初次见面的人继续交谈下去，彼此之间必须要有相契合的点，例如都是球迷，大家就可以通过谈球来消除陌生感；大家都爱画画，这样就可以从色彩上聊起。如果你想要与陌生人建立起关系，就要试图探寻对方的兴趣爱好，这样才能找到更多共同话题，从而培养起沟通的兴趣，为以后的关系发展奠定基础。

总之，初次见面第一印象非常重要，这个印象就来自双方的交流与沟通。因此说好你的开场白，是未来成功十分重要的一笔。当你成功建立一段关系之后，你会感谢自己曾经给这段关系一个完美的开场。

第二节 改掉命令式的说话习惯

人的性格在很大程度上决定了他会以怎样的方式与别人交流沟通。性格强势的人习惯用命令、指导的方式说话。无论在他们懂得还是不懂的领域，他们都习惯指导别人怎样去做，甚至对别人的做法横加指责。虽然有时候，给别人做一些指导会给人家很大帮助，但是很少有人会乐意接受这种命令式的指导，甚至会产生反感或者逆反的情绪。

人与人之间的关系是平等的，没有谁不顾尊严，不爱面子，毫无怨言地屈从于他人。无论是朋友还是夫妻，想要和睦相处，就必须要尊重他人，这样才会赢得对方的尊重。别人没有义务总是听从你的命令和指导。如果一个人长时间生活在命令下，他的内心就会失衡，从而产生越来越强的逆反心理，这对双方的关系发展将会产生很大的影响。

丽丽和佳佳是闺密，生活水平、物质条件各方面都不相上下。可是坐在一起时，丽丽总会抱怨自己生活很不如意。在丽丽的描述中，她的老公完全不懂得体谅她，在家懒得要命，只有在威逼利诱的时候才会给自己帮一些忙。听着丽丽的倾诉，佳佳完全想象不出这究竟是怎样一个状况。

一次佳佳去丽丽家做客，她才真正地知道丽丽痛苦的根源在什么地方。做饭时，丽丽不停地指使老公干这干那，"老公，快点剥蒜。""这个菜不能这样摘！""水开了，快去把水倒了。"……碍于客人的面子，老公一一地去做了，但是佳佳分明感到了他脸上的不情愿。

后来佳佳告诉丽丽："你也太不尊重你老公了，他又不是你的奴隶，凭什么让你呼来喊去？你总是这样，他根本就找不到自己的尊严，如果你想要婚姻幸福，就必须把命令改成商量或请求，这样对方心里才能舒服。你们也不会互相生气了。"听了佳佳的话，丽丽若有所思，过了一段日子以后，丽丽告诉佳佳，自从自己的说话方式改变以后，她的烦恼少了很多呢。

生活如此，工作也是同样的道理。工作中我们总会需要别人的帮忙，甚至组建一个团队去完成一项任务，如果你太强势，总是以自我为中心，

不考虑他人的感受，那么无论你的身份如何，最终都得不到预期的结果。如果你是普通员工，用命令式的口吻跟别人说话，没有人愿意搭理你，因为谁也不是谁的从属，人家没有义务听从你的指令。如果你是领导，当要求下属完成一件事情时，太过生硬的说话口气会让员工产生反感、懈怠的情绪，从而不能积极地投入到工作中去。

现实生活中，很多人都属于命令式的领导，他们认为自己身份不同，总保持一种高高在上的优越感，在与员工沟通方面也是单向式的。他们经常会说："这份材料赶紧赶出来，明天务必交给我"或者说"跟你强调过多少次，你还是这样，马上重做，做不好的好明天别来上班了。"在这样强硬的态度下，员工或许可以完成任务，但是并没有用心去做得更好。结果可想而知，员工的工作必定不会令领导满意，领导再批评，员工再将这种情绪带到工作中去，周而复始，双方的关系就进入到一个恶性循环的状态。一个高情商的领导者总是会想方设法去挖掘员工最大的能力，所以在说话时，总会让员工心里舒服。无论是谁，只有在心理平衡的状态下，才能更好地完成一项工作，发挥出最大的潜能。

小李在一家广告公司工作多年，业绩始终平平淡淡，没有什么出色的表现，并且每次谈起工作，他都抱怨连天。一次，公司接到一个大的项目，领导告诉他："小李，这个项目你必须用一个星期的时间给我设计完成，这对公司很重要。"小李接到任务以后，不情愿地加班加点做完了。交给领导以后，他反而被领导数落一顿："小李呀，亏你还是多年的老设计，一点新意也没有，像这样的工作态度还想升职？"小李强忍怒气走出办公室，心想："爱说什么说什么去吧。"

后来，因为公司业绩不突出，领导结构进行调整。新领导为人和善，每次有新任务他都会把小李叫到办公室说："小李，你看咱们又有新项目了。关于这个广告你有什么好的想法呢？多想几个方案，咱们探讨一下？"小李觉得自己这样普通的职工能够让领导如此尊重，心中十分感激，于是在工作上用心了很多，作品也越来越出彩。后来小李还被升任为小组长，工作的劲头越来越足，为公司创造了很大的价值，公司业绩蒸蒸日上。

PART 1 成功后你会感谢那个会说话的自己

　　同一个人，同一份工作，只是因为领导的说法方式不同，小李的工作心态和工作效果就发生了很大的变化。有时候，软弱无力的话语比刚强有力的话达到的效果更好。因此当我们需要别人的帮助时，要多用商量的口吻，尽量将"你去做"变成"你能不能"，这样对方就愿意接受你的要求，配合你的工作。否则，你的要求或许会被果断地拒绝，甚至还会朝着相反的方向发展，这样就有违我们的初衷。

　　尽管条条大路通罗马，但是捷径还是最好的选择。同样是让别人帮助自己，为什么不让对方心甘情愿，或者心里更舒服一些呢？如果你在生活中少一些命令式的口吻，也许就会发现，身边那些原本很固执的人并不是那么不通情理，甚至，那些原本冷漠的人变成了热心肠，这就是语言的魅力。当你慢慢发现，身边的人个个对你都很和善，乐于帮助你，甚至你交代的事情出色地完成了，那么这时你已经在不知不觉中变成了一个高情商的人。因为他们所有的行为都是你高情商说话办事的反馈。

第三节 别让错误称呼成为谈话的困扰

有礼貌地称呼别人，往往是说话的第一步，它关系着一段谈话是否能够顺利进行。生活中，很多人都遭遇过称呼错别人或者被人称呼错的尴尬，为此困扰不已。称呼在说话艺术中十分重要。如果你称呼错了对方不是很介意，那只是让谈话气氛稍显尴尬，并不会对谈话的意图造成什么影响，但是如果对方十分介意，那恐怕你想说的话、办的事就会遭遇很大的障碍，甚至导致沟通失败。

张东最近看好水产生意，于是在水产市场租下一个摊位。虽说他已经是快四十岁的人了，但是做生意还是第一次，根本不知道怎样招揽客人。旁边摊位的人都在向路过的人推销自己的鱼，张东可不想落后，于是也开始效仿起来。

这天，一个女顾客来到张东的摊位前，说要买一条鲤鱼。张东非常高兴，于是捞起一条问道："大姐，你看这条够大吗？"女顾客的脸色一下子有些变了，于是有些不高兴地说道："算了吧，我不要了。"说完扭头就走了，只剩下张东一脸无奈，而旁边的人一直冲着他笑："你也不看看人家多大了就叫人家大姐，谁乐意买你的鱼呀！"张东轻叹一声，好好的一桩买卖就让一个"大姐"搅黄了。

有了这次的教训，张东不敢再轻易叫姐了。这天，一个看上去就比他大的女顾客从摊位前走过，张东不想错失机会，本想说："大姐，来条鱼？"可马上就想到了上次失败的经历，于是笑着问道："大妹子，来条鱼？"谁知这位顾客瞥了他一眼走到了远处的摊位。等到那个女顾客走了以后，张东赶紧去问问摊主他们刚才在说些什么。那位摊主笑着说："她说，'我什么年纪了，居然叫我大妹子，真是让人生气。'"张东再次陷入到迷茫之中，他现在才知道，原来一个称呼是如此重要。

如今，人人都在追求年轻时尚，女人的年龄仿佛已经成为一个非常敏感的话题，大多数人都不希望自己变老，更不愿意让别人的称呼把自己变老。因此她们会对称呼格外看重，这一痛处一旦被触及，那么她们谈话的

心情就会遭到破坏，从而没有继续谈下去的意愿，这对称呼者来说，无疑是一次失败的谈话。

合适的称呼是谈话成功的必备条件，也是一个高情商谈话者必备的要素。那么如何让称呼更加合理、合适呢？通常考虑一个称呼是否合适，要综合多方面的因素，包括年龄、职业、语言习惯、关系远近等，只有多方面考虑周全，称呼才能合乎听者的心意，对方才会乐意听你接下来的谈话，从而为你们的关系深入发展提供了更多的机会。

首先，根据年龄的大小称呼别人是人们在日常生活中最常使用的一种方法，例如大哥、大姐、小妹妹、老奶奶等。虽然这种方法看似简单，但是如何从外表上判定一个人的年龄大小，是一门学问。一般情况下，如果不知道对方的实际年龄，最好把人家说得年轻一些，能够称呼"妹妹"的时候，不称呼"姐"，能够称呼"姐"的时候不称呼"阿姨"，这样人家才会对你有一个好的印象，从而为后面的交往打下良好的基础。

其次要看对方的职业来决定如何称呼。例如张师傅、李老师、张总、郭导演等。通常来说，不同的职业有着不同的称呼习惯，尤其是有一定社会地位的人，称呼时加上他的职业，会表现出称呼者对这份职业的尊崇，例如约见一位名不见经传的小领导，你称其为"王总"，这样他就会觉得自己的身份得到了肯定，从而更有意愿去进行之后的谈话。但是对于一些基层的劳动者，在称呼的时候，就要慎加职业，例如清洁工、保安等，以免因为说话不当，被人误解为对人家职业的蔑视，反而不利于关系的开展。

再次要考虑一个地方的语言习惯。俗话说入乡随俗，不同的地域有着不同的风俗习惯和语言习惯，可能一句话在一个地方是玩笑话，但是到了另一个地方可能就是一句让人难以忍受的伤害人的话，从而引发不愉快或者争执。

最后就是称呼时要注意远近亲疏。人与人之间的称呼也因为关系远近而不同。如果初次见面，称呼太过于熟络，难免会让人误会，觉得你有些轻浮。但是如果是朋友见面，你的称呼总是非常客气，就会让朋友之间很难有亲近感，从而逐渐与你疏远。因此，当你要说话的时候，先要衡量下彼此间的关系，思考下采用哪种称呼更加亲切，最好让别人听起来舒服不厌烦，这样会有助于感情的增进。还有一些亲密的称呼只限定在某些特定关系的人中使用，例如使用一些昵称就要格外慎重，以免引起不必要的误解。

　　事实上，只要你用心去观察，说话之前多加考虑，选择一个合适的称呼并不是一件困难的事情。那时你就会发现，一个称呼可能就帮你展开了一段良好的关系，办成了一件棘手的事情，这就是称呼的艺术。

PART 1　成功后你会感谢那个会说话的自己

第四节　话题灵活方少尴尬

在社交场合中，我们经常会遇到谈话冷场的时候：两个人聊天，一个人说得天花乱坠，另一个人只是"嗯""哦"地敷衍着，最后说话者自己越说越没有意思，于是闭口不言，两人一度陷入沉默之中。这时，大家手足无措，只能不住地搓手，不停地颠腿，脑子里翻江倒海，但仍旧无法摆脱这种尴尬的局面。

为什么会出现这样的状况呢？究其原因，大致有两种情况，一是听者对说话者的话题并不是很懂，例如说话者谈的是很深奥的专业知识，听者作为外行，只能敷衍了事；另一种是听者对说话者的话题完全不感兴趣，根本没有心思听，回应也只是出于最基本的礼貌而已。因此，如果你想跟别人进行良好的交流，选择话题是一个十分关键的问题。一个让人不感兴趣的话题，往往能把天聊死，让双方都感觉尴尬，而好的话题能够使双方沟通更加顺畅，从而达到交流的目的。

那么怎样的话题是好的话题呢？这是没有固定答案的。人与人的性格、爱好不同，所以关注的东西和感兴趣的东西也不同。有些话题尽管你觉得非常好玩，但或许对于别人来说简直无聊至极，所以话题灵活多变，努力找到对方感兴趣的话题才是一种高情商的表现。

小张第一天入职，领导为了表示对新同事的欢迎，组织大家一起吃晚饭。席间，小张作为一个户外运动的爱好者，很自然地谈起了自己的一些户外经历。刚开始，出于礼貌，大家都认真地听着，这让小张找到了极大的存在感，于是他的话匣子就打开了。他滔滔不绝地说着，丝毫没有注意到领导和同事们早已经沉默，甚至不再回应他了，于是他突然停了下来，感到非常尴尬，不知如何是好，好像空气也瞬间凝结了。好在有同事开口讲其他的事情，死寂的氛围才活跃起来。

小杨也和小张一样，第一天入职也得到了领导安排的欢迎会。饭局上，小杨努力想给领导留个好印象，于是开始讲自己之前的工作经历，但是领导只是点点头，并没有说什么。小杨知道，领导对这些并不感兴趣，于是又开始询问公司的事情，这次领导稍稍参与了一些，但是说了几句之后又变得沉默了，倒是同事们，开始你一言我一语地说起来。后来从同事们的谈话中小杨了解到领导十分喜欢字画。这下他可找到了话题，大谈自己对中国画的了解，领导听到这个话题，一下子来了精神，两人相谈甚欢，小杨给领导留下了很好的印象。

之后，小张因为经常不知道怎样跟别人聊天，所以跟同事们的关系一般，领导也觉得他头脑不够灵活而没有委以重任，他只是凭借踏实肯干留在了公司。而小杨总是能跟每一个同事搞好关系，好像永远没有冷场的时候，每当谈话快要无趣的时候，他总能灵活转移话题，让气氛起死回生。在领导和同事的支持下，他的工作也如鱼得水，从而也得到了不断地晋升。

由此可见，话题灵活可以让人成为一个交际高手。当某个话题难以进行下去时，你就一定要灵活转换，否则，别人就会觉得你是一个无趣的人，甚至有时你死抓住话题不放，还会触发别人不悦的爆发点，从而对你产生较大的成见，还会影响日后的交往。

高情商的人不仅自己永远不会把天聊死，同时还能帮助别人化解已经出现的尴尬局面，从而受到别人的青睐，成为朋友圈中不可或缺的人物。

很多时候，人们因为情绪上的冲动往往在一个问题上互不相让，从而使谈话陷入到僵局。这时，如果没有人打圆场，他们之间可能就会始终僵持着，甚至导致关系恶化。因此一旦遇到这样的状况，你就要试图岔开他们的话题，将其注意力引到别的地方。尤其是在遇到十分严肃和敏感的问题时，更要用一些诙谐、轻松的话题去活跃气氛，从而使严肃的问题淡化，使僵持的场面再次活跃起来，缓和人们的尴尬，从而使交际活动顺利进行。事实上，当人们因为一件事情固执己见而不断争论，这时争胜的心理就产生了，从而使争论一步步僵化，让大家都陷入到尴尬的境地。如果你能掌握好这一点，将话题灵活转移到其他方面，这时就不会让争执的双方关系恶化。

同学聚会上，小兰和小华因为一件裙子的花色开始了争论，小兰说碎花的衣服给人一种清新的感觉，小华觉得碎花衣服穿上显老，于是两人说得越来

PART 1 成功后你会感谢那个会说话的自己

多，生怕别人觉得自己没有品位，就因为这样一件小事，她们争得面红耳赤，僵持不下。同学们见状也七嘴八舌地劝起来，有的人说碎花好，有的说不好，反而让气氛更加尴尬。同学小丽觉得，如果在这个问题上继续纠缠，说不定待会儿还得吵起架来，于是笑着说道："你看看这两个臭美猴吧，整天就研究穿什么衣服。还记得上学那会儿吗？同学们一条裙子轮着穿了好久……"这下，话题一下子转到了学生时期，人们都开始回忆起来。那时候，小兰和小华住一个宿舍，自然有说不完的故事，渐渐地，两人越说越热烈，纷纷对过去的美好时光发出了感慨，早就忘记了刚才争执的事情。

如果你想成为一个高情商的人，那么就要修炼自己的说话，不能在一个话题上执拗，这样容易让人感到无聊，适得其反。如果在交际场上，话题朝着沉默或不睦的方向发展，那么你就要提醒自己该转换话题了，灵活的话题才能避免大家的尴尬。

第五节 学会提要求

　　世界上最难做的事情恐怕就是有求于人。给别人提出要求时，有的人会觉得有损颜面，很难放下自己的身段；还有的人觉得会给别人带来麻烦，心中过意不去，说不定对方还会因此而拒绝，有伤和气。然而一个人想要在生活中谋求更好的发展，提要求是一个必须的手段。一个人无欲无求，精神境界的确高尚，但是想在现代社会大有作为或者是追求更高的生活质量，恐怕是很困难的。因此，如何让自己轻松地提出要求就成了人们想要努力学习的东西。

　　李强已经在一家工厂连续工作十年，是工厂的老员工了，但是工资涨幅却不是很大。近几年来，物价上涨，孩子上学，李强家花钱的地方越来越多。那点工资几乎刚刚够家里开支。捉襟见肘的生活让李强很苦恼，于是他决定向厂长提出涨工资的要求。可是每次话到嘴边，他都不好意思开口，于是这件事情一拖再拖。

　　后来他把自己的苦恼说给工友听，大家纷纷纷发表建议，"有什么不好意思的，靠劳动吃饭。""你是老员工了，你只要提出来，厂长就一定会答应的。""就凭你的工作经验，厂长也应该给你涨工资。"……大家七嘴八舌的话坚定了李强的信心，他下定决心要跟厂长谈谈这个事情。

　　一天，厂长给工人们开会，让工人们提一些生产线上的问题，李强感觉这是一个提涨工资的好机会，于是他站起来大声地说："厂长，我是这个厂里的老员工了，你看我这工资能不能涨点儿呢？"厂长没有正面回答，只是说："今天只说生产上的事情，工资的事改天再议。"可是工人们听到这个话题却不肯善罢甘休，好几位老员工也纷纷跟着要求涨工资。厂长有些不悦，他原本想厂子效益不太好，如果李强私底下要求他涨工资，他一定会答应他的要求，可是现在，大家都闹腾起来了，厂长答应吧，可是工厂的利润不好，不答应又怕引起众怒，于是他只好答应工人们会后会认真考虑这个问题。事情说到这里，话题再重新回到生产任务上就也算过去了，可是李强却因为厂长没有答应而生气了，头脑一热说："如果工资不涨，我就不干了！"这句话彻底激怒了厂长，对于这样的公然威胁，他觉得很没有面子，于是回应道："你不干现在就可以走!"李强把自己逼上了台阶,只好悻悻地离开了。

李强原本以为,自己是工厂的骨干,厂长绝对不会让他离开,但是他没想到的是,厂长竟然真的让他离开了,他怎么也想不明白,难道自己提出合理的要求有错吗?

生活中诸如李强这样的人有很多,原本自己的要求合情合理,然而提出来之后却被别人拒绝。原因就在于,他没有选择好恰当的时间和方式。因此人们要学会提要求,就必须要明白怎样说话让人舒服,怎样的方式方法更容易让对方接受。一般来说,提要求的方法有很多种,例如直接请求、间接请求、体谅请求等。

直接法这种提要求的方式适用于家人和熟悉的朋友之间。因为关系太过亲密,完全没有必要拐弯抹角,有什么需要帮助的话直接提出即可。但是无论是谁,谦逊有礼的语言都是必须的。如果你以亲人和好朋友的身份自居,不断地向家人和朋友提出要求,甚至颐指气使,那样家人和朋友也会不高兴,甚至拒绝你的要求。

间接法就是用委婉的方式表达自己的要求,口气中含有更多商量的语气,这样别人听来更加舒服,觉得自己受到了尊重,从而愿意答应你的要求。例如"你能帮我倒杯水吗?"相较而言,要比"给我倒杯水!"的语气柔和很多,别人也不会有太大的逆反情绪。

体谅法并不直接说自己的要求,而是先表达自己对别人的体谅,让对方觉得自己受到了尊重,在这样的基础上,再提出要求,这样对方也会去用心体谅你的难处,从而答应你提出的要求。例如,"我知道这件事情很难办,但是它对于我来说的确至关重要,我只好给你添麻烦了!"这样对方也愿意勉为其难地答应你。如果你说,"这件事情很棘手,你千万要帮我一下。"对方就会想:"你觉得棘手,我难道就觉得容易吗,我才不想去办呢!"于是拒绝了你的要求。

激将法使用时一定要注意分寸,不能过分激将,贬低了对方的能力,从而使对方不愿意答应你的要求。通常情况下,人或多或少会有争强好胜的心理,激将法容易激发对方的办事热情,同时也会为要求失败留有余地,以免别人没有办成事或者自己被拒绝而遭遇尴尬。例如,"如果你觉得这件事情太难办,那就别为难了!"这样一来,对方如果有些许好胜心,也只好硬着头皮答应你的要求:"不难办,不难办!"

自责法是先进行自我检讨,然后再提出自己的要求。给别人提要求的时候,无疑是增加了别人的负担,因此首先要表明自己这样做的确很不礼貌,甚至有些冒失,但是情势所逼又不得不这样做,自己的内心感到非常愧疚,然后再提出自己的要求,这样对方就会理解你的行为,愿意接受要求。例如,"我本不该大晚上的来找您帮忙,但是我实在是没有办法了,希望你能帮帮我!"相信这样言辞恳切的要求是没人会拒绝的。

恭敬法是要肯定甚至是抬高对方的能力,尽量表现自己的恭敬之心,甚至必要时还要贬低自己,让对方觉得自己不仅受到了尊重,同时还处于非常高的地位,从而愿意帮助你。例如,"我原本想自己把这个问题解决了,可是我才疏学浅,最后还得要请您帮忙!"

顺带法就是找到适合的谈话时机,顺带着提出要求,而并非专门提出。这样一来,提要求的目的性和语气就减缓了很多,不会让对方感到极大的压力,从而帮助你完成想要达到的目的。例如,"说到回家,不知道您顺路吗?能不能捎我一截儿?"相比"你能送我回家吗?"语气要缓和随意很多,即使对方拒绝,自己也不会太没面子。

缩小法就是将一件事情轻描淡写,让对方觉得这仅仅是一个小的要求,从而轻而易举地答应帮助你。这种方法一方面是减少对方的心理负担,另一方面也方便提出。例如,"我现在是万事俱备,只欠东风,只要您帮我完成这件事,其余的事情就不用您操心了,我自己完全可以搞定!"

人与人之间交往,最容易打动人心的就是感情,而感情需要沟通交流,这就对人的语言策略提出了更高的要求。如果在任何情况下,你都能让别人欣然接受你的要求,那就表明你已经学会了提要求,并且已经具备了高情商的特点。

PART 2

幽默而不失分寸是说话的至高境界

第一节　培养你的幽默感

幽默是人的一种性格特征，也是一种本领。幽默特征往往能够反映出一个人的思想、学识、智慧和机敏，因此一个具有幽默感的人，往往散发着非常独特的个人魅力，容易让别人产生好感。不仅如此，在人际交往过程中，幽默也有着不可估量的作用。恰到好处的幽默能够活跃气氛，使人与人的交流更加轻松融洽，从而能化解一些不必要的尴尬与矛盾。

一天英国作家狄更斯闲得无事，去一条河边钓鱼，这时一个陌生人向他走来，轻声地问道："你是正在这里钓鱼吗？"

"是的，可惜今天没有什么收获，钓了半天，连一个鱼的影子也没看到。这与昨天完全没法比。昨天在同一个地方，我钓到了十五条鱼呢！"狄更斯非常爽快地回答道。

"是吗？"陌生人问道。

"当然。"狄更斯丝毫没有迟疑地说道。

"那你知道我是谁吗？我可是专门负责调查这里的钓鱼情况的。你要知道，这里是严禁钓鱼的！"陌生人一边严厉地说，一边从衣服口袋掏出一本发票，想要记下名字罚款。这下狄更斯有些慌神了，于是赶紧反问道："那你知道我是谁吗？"这个检查员听到这样的话一脸诧异。狄更斯赶紧解释道："我是作家狄更斯，虚构故事可是我的强项。所以我说的话可不能成为你罚款的证据。"

这则故事中，狄更斯就通过幽默的方式展现出了他的机智。那么这种幽默是不是聪明人才拥有的特质呢？事实上，幽默感不属于某个人，也并不是与生俱来的，它是通过不断培养得到的一门语言艺术。那么怎样让一个人幽默起来，成为一个说话办事让人舒服的高情商人呢？

培养良好的心态。自己的心态对于培养幽默感有着非常重要的作用，积极开朗的人在遇到问题时，总能想到最轻松简单的处理方法，这就容易培养起幽默感。如果一个人多愁善感，看不到生活中的阳光，那么幽默就无从谈起。

提高洞察力和想象力。生活从来都不缺少幽默，只是缺少发现幽默的眼睛。如果你想成为一个幽默的人，那就要提高洞察力，认真地去观察身边的人和事，准确迅速地捕捉到事物的本质，然后利用灵活的头脑去想象，提高自己的想象力，用诙谐恰当的语言把两个不同的事物或者是想法连贯起来，从而产生意想不到的幽默效果。

丰富知识储存。幽默是一种外在的表现形式，它往往能够反映出一个人的学识。因此幽默感必须要建立在丰富知识的基础上。想要成为一个富有幽默感的人，就要不断地用知识充实自己，无论哪方面的知识，都要广泛涉猎，用各种知识精华装点自己。

幽默熏陶。很多人想要培养幽默感，但是并不知道从何做起，这时不妨多看看幽默故事或者是各种幽默视频，并且将其中的幽默方式或者经典片段记录下来，加以学习体会。日积月累，幽默感自然就会得到提高。

陶冶情操。通常来说，富有幽默感的人都具有宽容精神。他们乐观对待生活，善于体谅他人的难处。因此想要成为幽默的人，必须要培养自己的胸襟，让自己的胸怀更加敞亮，凡事微笑面对，不斤斤计较，尽可能地去宽慰自己，让自己拥有开朗的心情。

学会自嘲。幽默不仅是要跟别人开玩笑，同时要有善于自嘲的勇气。回想自己十分尴尬的时刻，然后从中找出最好玩的部分，然后将其编排成故事，用夸张或者是戏剧性的话语来进行表达，让别人从中感受到快乐，如果能够做到这样，那你的生活方式已经是一种幽默的方式了。

提高自己的语言水平。幽默是一门语言艺术，既然是语言那就与表达能力有着密切的关系。如果一件事情原本非常好笑，但就是因为表达不清晰或者是不到位，反而难以达到预期的效果。因此想要培养幽默感，必须要提高自己的语言水平，不断地学习，使任何幽默效果都能够淋漓尽致地展现出来。

幽默感能够为人类精神生活提供真正的养料，对人们的生活固然重要。但是它并不是每时每刻都必须出现。如果场面比较严肃庄重或者幽默的条件并不具备，你却极力想要表现自己的幽默感，那么结果也一定是不尽如人意的，身边的人不知道是该笑还是不该笑，从而造成非常尴尬的局面。因此，在这样的场合中，你就要收敛起自己所谓的幽默感，以免引起他人的反感。由此可见，幽默而不失分寸的语言才是说话的最高境界，这样的人才堪称高情商。

PART 2　幽默而不失分寸是说话的至高境界

第二节　幽默，平息战争的利器

幽默作为一门语言艺术，不仅能够让人感到诙谐快乐，同时还会成为平息战争的利器。生活中，人们经常因为一点小事而产生摩擦，这时如果处理不当，就会引发大的争吵。有些人性情急躁，脾气暴烈，遇到摩擦首先想的就是自己不吃亏，甚至有时得理不饶人，最后双方发生争执，造成更加严重的后果。

在一个狭窄的街道拐弯，两辆汽车迎头相遇。这时，必须有一方稍微向后退一点，然后让对方先过去，才能顺利通行。然而两辆汽车互不相让，其中一人地在车中不断鸣笛，示意对方向后退一点，让自己先过去。但是另一个人完全不理会，心想："凭什么是我让你呀，你向后退一点也行啊！"于是一脸不屑地从副驾驶上拿起一本书看了起来，两人就这样僵持着。大约一分钟之后，鸣笛者下了车，径直走到另一辆车跟前，用手指着看书者让他下车。看书者摇下窗户，鸣笛者恶狠狠地问道："你后退点行不行？"看书者说："凭什么让我退呀？"这时，鸣笛者一拳就打在了看书者的脸上，看书者立马下车，二人扭打在了一起。事情的结果可想而知，两人不同程度受伤，一个鼻梁骨折，一个肋骨骨折，双双被送到了医院。

同样是这个路口，另一天又有两辆车相遇，两个人也不愿意退让，其中一个拿起一份报纸读起来，等着另外一个人给他让路，这个行为让对方司机非常生气，然而他是一个十分幽默的人，于是摇下车窗冲着看报纸的人说道："兄弟，你看完报纸借我看看呗！"看报纸的司机看见说话者满脸堆笑，瞬间觉得自己这样做确实有些不妥，于是主动把车子向后退了一些，两个人相安无事地离开了。

同样的境遇，不同的处理方式得到了不同的结果。事实上，一点小的摩擦无关紧要，如果双方以幽默的方式去化解，从尴尬或者难堪的境地摆脱出来，最后也就化干戈为玉帛，共同达成一个和睦的状态，避免了很多不必要的伤害。

对于陌生人我们应该幽默对待，对于熟悉的朋友、亲人也应该如此。

生活中我们经常见到这样一类人，他们在陌生人面前总是表现出一副乐观开朗、幽默风趣的样子，但是对于自己的亲人、爱人却完全不同，在他们看来，在亲近的人面前可以放飞自我，完全按照自己的心意去生活，因而不经意间伤害了亲人的心，夫妻关系也不和睦，每天生活得并不开心。事实上，家庭生活更应该用心地去经营。因为他们不仅是我们的亲人，同时也是每天与我们生活在一起的人，如果家庭关系不和谐，势必会对你的整个生活产生重大的影响，甚至导致不幸的人生。我们每个人生活的宗旨就是开心快乐，那么充分运用幽默，就会让自己快乐很多，也会让家人开心很多，从而享受到美满的生活。

李阳是一个性情温和的人，经人介绍，与邻村的一位姑娘结了婚。因之前没有太多的时间接触，所以婚后李阳才发现自己的妻子是一个脾气暴躁的人，随便一点小事就能大发雷霆。然而李阳知道，妻子本性并不坏，心地很善良，只是脾气有些急而已。于是他准备用"以柔克刚"的方式来改变妻子的性格。

一次，夫妻二人聊天，李阳无意间的一句话惹怒了妻子。她站起来大声地理论，喋喋不休地说了一堆，李阳心想："就一句话至于这样发脾气吗？"然而他并没有生气，反而笑着一直看着妻子，然后对她说："唉，我发现你与另外一个人特别像，你猜猜是谁？"妻子停下来问道："谁？"他赶紧回答："二踢脚呗，一点就着。"妻子听了扑哧一声笑了，一场家庭战争就这样化解了。

有一天，朋友来家里做客，妻子在厨房忙着做饭，而李阳和朋友两个游戏迷则在客厅中玩起了游戏。妻子一个人手忙脚乱，眼看菜都要糊了，赶紧叫李阳过来帮忙。李阳正玩得高兴，竟然没有听见。于是妻子越想越生气，干脆停下手中的活，跑到客厅发起火来。一时间欢乐的气氛变得尴尬起来，朋友心想："这下完了，当着外人面的李阳该怎么收场呀，可能一场暴风骤雨就要来了。"事实上，妻子发完火就已经后悔了，毕竟当着朋友的面有些不妥，如果两人大吵一架，岂不是让别人笑话。可是开弓没有回头箭，气氛已经很尴尬了，她也不知道如何收场。这时，李阳冲着朋友说："你知道吗？我这媳妇儿可是上天赐给我的。"妻子和朋友两人一脸茫然，"要培养我忍耐和克制的能力。"听完这话，妻子和朋友都笑了，尴尬的气氛一扫而光。

后来，妻子也进行了反思，知道幸福和睦的生活是李阳用幽默智慧得来的。不发脾气只能说明他很机敏，并不表示他的心灵没有受到伤害。想到这些，妻子也慢慢试着去控制自己的脾气，于是不骄不躁，更有趣的是，在李阳的影响下，妻子也渐渐变成了一个风趣幽默的人，他们的生活更加和睦、幸福了。

我们的生活中隐藏着很多战争的火苗，很容易因为摩擦而燃起熊熊烈火，这时，幽默这个平息战争的利器就显得尤为重要。当人们遭遇社交困境的时候，运用幽默的语言就能让人们的精神状态放松，卸下太多的防御，从而以乐观宽容的心态去面对问题，这时你就化险为夷，取得了生活的胜利。当然，幽默是一种人生智慧，人们应该给予正确的认识，遭遇尴尬或矛盾时，运用幽默的人往往让人看到的是他的机智和豁达，而不是人们口中所谓的"没有面子""软柿子"，生活不是战场，逞一时之快的人，未必能够生活幸福。只有懂得幽默的人才能拥有广泛的社交，成为真正的人生赢家。

第三节　别拿拙劣的玩笑当幽默

　　生活中人们越来越注重幽默感，因为幽默不仅是一种经过艺术加工的语言形式，是一种艺术化的语言，更重要的是，它能够增加一个人的人格魅力，让别人看到他的机智和智慧。因为幽默来源于生活，是可以后天习得的一种特质，所以很多人都希望自己能够成为一个幽默感十足的人。然而希望是美好的，真正的幽默并不是轻而易举就能实现的。它对说话者有着非常高的要求，幽默的人往往具有很强的表达能力、思维能力、豁达的情怀、丰富的知识涵养等。如果在这些方面有所欠缺，甚至完全没有，那么一个人就很难有幽默感，即使硬要装出一副幽默的样子，也是画虎不成反类犬，让人觉得滑稽可笑。

　　列宁曾经说过："幽默是一种优美的、健康的品质。"因此很多人将幽默看作是一个人成熟的表现。生活中有很多人对幽默的理解出现偏差，认为幽默就是让大家发笑，于是不断用拙劣的搞笑来充当幽默，想以此表现自己的幽默感，让人们觉得自己很有魅力。事实上，拙劣的搞笑并不会给人的形象加分，反而让人看清楚本质的肤浅，适得其反。

　　张东是一家公司的小职员，每天辛辛苦苦工作，事业却没有什么起色，连个女朋友都没有找到。他觉得一定是自己的魅力还不够强，所以得不到领导的赏识、女孩子们的青睐。于是他决定要提升一下自己的幽默感，因为他觉得这是提升魅力最简洁的方式。他觉得幽默嘛，不就是让人笑吗？只要自己会搞笑就完全没有问题。

　　后来，张东每天在办公室里搞怪。工作氛围本就紧张，猛然多了一个这样的人，大家就好像找到了生活的调味剂，每当他搞笑，只要无伤大雅，大家都非常配合地笑起来，这样一来，张东觉得大家都喜欢他的"幽默"。慢慢地，大家发现，张东不仅经常自嘲，甚至还不断地用挖苦嘲笑别人来博得笑声，经常打着玩笑的幌子挪揄别人。公司里有一位女同事，她从小就很胖，

PART 2 幽默而不失分寸是说话的至高境界

属于那种肥胖体质的人,从小到大,她最怕别人说的就是自己的体形,内心极度自卑,因此同事们很少跟她开这方面的玩笑。唯独张东喜欢戳这位女同事的痛处。平日里,部门里人少,玩笑两句就那样吵吵嚷嚷地过去了,谁也没有太在意。

一天全公司聚餐,餐桌上,大家都在吃着喜欢的食物。张东觉得,今天这样的场合可是展现自己的最好机会,于是他高声地冲着胖同事说道:"你还吃呢?再吃小心嫁不出去了。"说完他自己哈哈大笑起来,以为大家都会因为他的搞笑而开心大笑,但是周围却出奇地安静,大家谁也没有笑,女同事扔下筷子跑了出去,留下张东一脸茫然。

后来有另外几个女同事追出去安慰胖同事,大家对张东也没怎么理会,一场好好的聚餐闹得大家不欢而散。然而张东自己却没有想明白,他始终觉得,不就是开玩笑么,哪至于这样生气?

其实,善于自嘲的人才是幽默的人,嘲讽调侃别人是没品位的表现。生活中像张东这样的人有很多,他们并没有理解幽默的含义,认为只要自己能搞笑就表示自己具有幽默感,然而事实并非如此,钱钟书说过:"笑未必就表示着幽默。"幽默是一个人内在品质的外在表现,如果一个人没有内在的精神,只是一味地强调外在表现,反而会让人看出幽默的匮乏。就如现在很多年轻人,缺乏应有的素质涵养,正在用拙劣的玩笑来包装自己,自以为能说会道,反而给人留下一种油腔滑调的感觉。

小赵是一个刚刚走入职场的年轻人。他之前没有工作经验,社会阅历也不丰富。为了赢得同事的好感,他总是刻意去跟同事们开玩笑。每当哪个同事出糗,他总是第一个"幽他一默",这让同事们都觉得很无奈。

不光如此,小赵还专门从网上学习了一些庸俗戏谑的东西,每天讲给同事们听,事实上,同事们对于这种低级乏味的东西完全不感兴趣,有时只是碍于面子给他一个廉价的笑容。就这样,他每天活在自己的开心世界里,以为自己是同事们的开心果,大家都喜欢跟他做朋友。

后来,部门推举一个小组长,小赵以为自己十拿九稳,凭自己的人缘一定可以获得大家的支持,然而让他没想到的是,自己连一票也没有。很长时间之后,他才知道,自己在同事眼中根本就不是一个富有幽默感的人,大家不信赖他,说他是一个油腔滑调的人,这让他陷入了无尽的迷茫之中,为什

么自己努力想要变得幽默，最后却变成了低级乏味呢？

因此想要拥有真正的幽默，人们首先要正确理解幽默的含义，认清幽默的本质，然后不断地充实自己，培养自己的情怀与宽容的态度，这样才会远离拙劣的玩笑、低俗的趣味，渐渐地向真正的幽默感靠近。

PART 2 幽默而不失分寸是说话的至高境界

第四节　幽默需掌握分寸

幽默是为人处世的重要法宝之一，也是衡量一个人的智慧与口才的重要标准。富有幽默感的人，往往在交际场上能够压倒众人，一枝独秀。这是因为幽默不仅仅可以彰显你的机智才学，同时还能够感染其他人，使得整个场面气氛轻松融洽，激起人们高涨的情趣，使大家忘记心中的苦恼。也正因为如此，很多人都努力让自己成为一个富有幽默感的人。

幽默的方式也有很多种。有的是文雅的，人们通过高雅语言表达自己对事物的看法，以丰富的想象力给人们呈现别样的精彩；有的是隐晦的，当人们对一件事情存有不满，这时就会含沙射影地表达出来，以讽刺的方式求得人们的共鸣，让人们从欢乐中进行反思；有的是健康向上的，当人们心态开朗，拥有乐观精神时，他们的幽默方式往往朝着健康积极的方向发展；有的是低级庸俗的，有的人本身缺乏精神涵养，不懂幽默的真正含义，只是一味恶搞。事实上，低级趣味并不能算作是幽默，因为幽默始终显示的都是人的高尚斯文，机智宽容。乏味低俗的搞笑很可能会伤到人与人之间的感情，反而会成为交际的障碍。

公司聚餐，吃完饭之后，同事们意犹未尽，于是吵嚷着要去唱歌。小雨说自己最不擅长的就是唱歌，一张嘴就跑调。她性格内敛，平时不怎么跟同事交往，为了拉近关系，同事们都鼓励她："没事的，去玩吧，大家都是瞎唱。"后来禁不住大家的劝告，小雨就跟大家一起去了KTV。

为了鼓励小雨，大家鼓励她唱一首歌，说只要开口唱了之后，就不再害怕了。禁不住大家的怂恿，小雨鼓起勇气唱了起来。确实如她所说，曲调完全拿捏不准。唱完之后，大家都没有特别的反应，只有小张高声地叫起来："看看吧，本年度最诚实的人非小雨莫属！"大家一脸迷茫，不知道他为什么要这样说，很快，他接着说道："小雨说自己跑调还真不是瞎说，都要到姥姥家去了。"话音刚落，小雨的脸一下子红了，大家纷纷指责小张，他却振振有词地说道："我就是跟她开个玩笑。"

尽管小雨没再说什么，但是从那儿以后，同事们聚会小雨就再也没唱过歌。小张所谓的玩笑已经深深地伤害到了小雨的自尊。

如果你要想成为一个真正幽默的人，就要灵活运用自己的每一个幽默细胞，在对的时间和场合，适度地表达对的幽默感，不生搬硬套，这样你才能被人们所认可，真正实现幽默的意义。只有你的话让人们听来舒服受用，才能被公认为高情商的人。那么幽默的分寸该怎样掌握呢？

分清玩笑的对象。幽默可以用在熟人身上，也可以用在陌生人身上。从性格上来说，人与人的性格是不同的，有的人沉默内敛，喜欢琢磨人的言外之意；有的人开朗乐观，什么玩笑都不太计较；有的人心胸豁达，即使幽默稍有不妥，也不会耿耿于怀；有的人小肚鸡肠，一句不恰当的话就会反目成仇，怀恨在心。因此他们对玩笑的承受力不同，在开玩笑的时候就要慎重一些，以免伤害到别人的自尊心。同一个玩笑，对这个人能开，对另外一个人就不一定能开。从身份上来说，通常情况下，男性不宜总同女性开玩笑，晚辈不能总跟前辈开玩笑，下属不宜总跟上司开玩笑。否则别人就会觉得你目无尊长，油腔滑调，不适合担当重任，进而影响个人发展。

分清玩笑的场合。幽默固然能够让人开心，但并不是在任何地方都适用。课堂上，大家都认真听课，你去跟别人开玩笑，这时就会分散对方的注意力，从而让人不悦。会议上，老板正在给职员们发表讲话，如果这时你给大家幽默一下，员工们的确全都哈哈大笑，但是在老板眼中，你就是一个缺乏修养和礼貌的人，并不懂得纪律和尊重，因此对你的印象分大打折扣，影响职业发展。因此在一些比较严肃、紧张、隆重或者悲伤的场合中，尽量不要幽默玩笑，以免破坏现场的气氛，给别人造成不良影响，同时也让别人觉得你是一个十足的冒失鬼。

把握好玩笑的时间。人的情绪是不稳定的，性格开朗活泼的人也会有伤心低落的时候，这时他们需要的是安慰和鼓励，而并不是打趣的幽默，如果你非要在这个时候"幽他一默"，那么一定就会引起别人的反感，甚至会觉得你是在幸灾乐祸，对你产生敌意。相反，如果一个沉默寡言的人遇到喜事，你趁机跟他开玩笑，或许还会取得意想不到的效果。因此跟别人开玩笑时，要注意到别人的情绪，把握好时间，例如他人遭到领导批评、家庭发生矛盾、遭遇创伤的时候，最好严肃对待，不能轻易玩笑。

注意玩笑的内容。幽默是关系的润滑剂，是智慧和高尚的体现，因此玩笑时，内容一定要清雅脱俗、健康向上，玩笑具有思想性、趣味性和知识性，让别人在欢笑之后能够进行思考，学到东西，取得良好的幽默效果。虽然内容粗俗或者不雅的玩笑一时间也能搏人一笑，但是之后人们就会觉得乏味，甚至觉得玩笑者缺乏内涵，影响自己良好形象的塑造。

端正玩笑心理。开玩笑最关键的一点就是不能将快乐建立在别人的痛苦之上，例如用别人的短处或伤疤来开玩笑，这在很大程度上会伤害到对方的心灵，造成心理上的伤害。生活中有很多这样的人，只要能让别人发笑，完全就忽略要对别人友善，经常冷嘲热讽，将自己心中不满、厌恶、嫉妒的情绪表达出来，表面上看，的确是占了上风，但是这种玩笑完全称不上是幽默，别人会因为得不到应有的尊重而拒绝与你交往。

玩笑要适可而止。在社交场合中，幽默的确非常重要，适当的幽默会让人的魅力骤升。但是一味地说俏皮话，没有克制地卖弄，往往会降低人格魅力，适得其反。一个玩笑说一次，大家都觉得非常有意思，两次还勉强接受，如果反反复复地说，别人会觉得你是一个唠叨而无趣的人，得不偿失。

随机处理幽默素材。有些玩笑只有在特定的场合和情景下才会取得异常精彩的幽默效果，如果在其他的场合就会显得生硬、不伦不类，不仅无法起到润滑作用，还可能增加摩擦系数。因此玩笑者一定要运用自己的洞察力，紧紧地抓住幽默素材，随机应变。

因此，掌握好幽默的分寸，你就能在谈笑间成为交际高手。

第五节　借题发挥是高情商的幽默

在人与人的交往中，总有很多人的语言十分出彩。他们能根据眼前的事物机敏地联想到其他事物，然后通过自己的语言诠释出全新的思想，这就是借题发挥的幽默，是一个人高情商的体现。

有一对中年夫妻，结婚时因为条件限制没有照结婚照，只是有几张旅行时拍的合影。那个时候，两个人的感情非常好，随便哪一张照片，两个人都是紧紧地依偎在一起，妻子把头靠在丈夫的肩膀上，两个人看起来非常甜蜜。

后来，随着时间流逝，婚姻生活已经归于平淡，两个人的感情也因为鸡毛蒜皮的小事而出现隔阂，动辄吵架。有一次吵得非常激烈，丈夫动手打了妻子。妻子非常失望，决定跟丈夫离婚。于是她开始收拾东西，临走的时候把两个人的照片剪开了，她要带走自己的照片，而丈夫全都剩下半个身子。看到这些，丈夫突然感到心酸不已，于是苦苦地央求妻子，两个人重新来过，一定不会再吵架了。妻子也顾念往日的情分，又留了下来。

照片都已经毁坏，两个人连个合照也没有了，于是丈夫决定带妻子拍一套婚纱照，弥补当年的缺憾。在华丽的照相馆中，丈夫身穿西装，妻子身穿婚纱，一切都准备就绪。可就在摄影师让两个人紧紧依偎在一起的时候，妻子却不乐意了。摄影师一脸疑问："为什么两个人不能挨得紧一些呢？"妻子故意拉长声调，看着丈夫说道："离婚的时候方便剪开呀！"摄影师笑了，丈夫却一脸不好意思，赶紧跟妻子保证，今后一定会对她好，绝不会走到离婚的地步。于是两个人紧紧依偎在一起，拍了一套甜蜜的婚纱照。

这个故事中，妻子巧妙地利用拍照姿势，与自己的婚姻生活相联系，虽说是一句话玩笑话，但是她却巧妙地警醒了丈夫，如果再不好好对待自己，他们的婚姻还是会存在危险的。

借题发挥的幽默是高情商的表现，它能够通过诙谐的语言达到自己的目的，尤其是在一个比较公开的场合，如果直接将自己心中的想法表达出来，或许会伤及对方的颜面，本来好办的事情在众人的关注下也变得棘手起来。这时，借助其他事物来开玩笑，使自己的意愿表达更加委婉，从而会取得意想不到的好效果。

中国的语言艺术博大精深，幽默看似在博人一笑，事实上却是一个人内心想法的表达。人们常说："会说话的人才吃得开。"这句话不无道理。说话让人舒服的人身边总是围绕着很多朋友，经常能得到领导的赏识，无论走到哪里都受欢迎，好事也层出不穷。因此人们要想成为一个高情商的人，就必须要说话办事让人舒服，其中借题发挥就是最重要的一种方式。

一次小王带着孩子在公园中玩耍，正好旁边也有一个小孩在玩，于是两个孩子就结伴玩了起来。孩子们又蹦又跳，没一会儿就又累又饿。孩子跑到小王跟前，吵着说："妈妈，妈妈，我饿了。"于是小王把书包里带的橘子拿出来，递给孩子一个，然后又递给玩伴三个，然后对他说："你自己吃一个，然后把剩下的两个分给妈妈和姥爷去。"那个小孩站在那里没有动，喃喃地说道："姥爷？那是我爸爸。"他的家人也露出了尴尬的神情，小王没想到自己竟然稀里糊涂犯了这样的错误，可是话已出口，很难再收回来了，于是赶紧冲着对方道歉说："真是不好意思，你们两个长得实在是太像了，我还没见过这么有夫妻相的人呢！"这下对方脸上的尴尬才稍微缓和了一下。小王接着对玩伴的妈妈说道："我猜您丈夫一定非常呵护您吧？从您的脸上就可以看出来。我有一个朋友，丈夫把所有的关心和爱护都给了妻子，根本顾不上打理自己，正是丈夫负责赚钱养家，妻子负责貌美如花，生活非常幸福，一辈子嫁这样的男人实在是太幸运了。"听到这话，玩伴妈妈脸上泛起了甜蜜的笑容，她的丈夫也露出了羞涩的笑容。于是他们开始给小王讲自己的幸福生活，大家愉快地聊了起来。

一场尴尬就这样被小王化解了。很多时候，说错了话，已经覆水难收，于是努力地去遮掩，让双方更加尴尬，倒不如借题发挥，将自己的错误拿来分析，从中寻找合适的机会为自己解释，从而将对方的注意力转移到别的地方。借题发挥最精妙的地方在于借，最难的地方在于如何去发挥，如果你能很好地掌握这两点，那么尴尬就会轻轻松松化解，甚至坏事也变成了好事。故事中的小王就是如此，她知道自己说错了话，道歉之后，赶紧将话题转移到了对方的夫妻关系上，先是称赞的对方有夫妻相，然后用刻

意强调一个男人在家庭中的担当,让妻子感念丈夫的用心呵护,也让丈夫体会到自己男人的责任感,从而都忽略了小王的错误。

借题发挥对人的思维能力有很大的考验,因为它往往是临场发挥,并且需要具有较强的艺术性,它要求刻意掩饰尴尬的痕迹不能太明显,又要合适精彩,能够获得成功,因此想要拥有这样的幽默手段,人们就必须要不断地提高自己的洞察力,学会察言观色,把话说到对方的心坎里去。

说到这里也许有人会说,我这个人不懂得看眼色行事,思维能力差,借题发挥实在是太难了。事实上,幽默不是天生的本领,只要你用心学习,用心思考,积累一定的知识,你的幽默感也就逐渐培养起来了,做个高情商的人的梦想终究会变成现实。

PART 3

为对方着想的话听起来更舒服

第一节 "如果是我"的说话心理

经常听到有人用"站着说话不腰疼"来埋怨一个人站在旁观者的角度说风凉话,不懂得换位思考。在交际场上,如果你想成为一个高情商的人,说出的话让人不会心存埋怨,那么你就得学会站在对方的角度上去看待问题,凡事先在心中自问,如果是我,我会怎样想,怎样做,这样你就会明白应该怎样去说话。

如果我们能够经常抱有"如果是我"的心理,那么我们就会多一份宽容和理解,从而能够善意地对待别人的失误,改进人与人之间的关系。自古以来,宽容就是中华民族的传统美德,而宽容的基础就在于换位思考。正所谓"己所不欲勿施于人",只有自己设身处地地去思考过,才会明白强加在别人头上的意志让人不舒服,强迫别人按照自己的方式办事,会让人很难过。与人交往重在彼此舒服,你的话总是让别人伤心难过,那对方只能对你敬而远之,你也就无法成为交际高手。因此,无论是社交关系还是家庭生活,我们都要尊重对方的感受,这样相处起来关系才更融洽。

在一个星期天,妈妈带着4岁的儿子逛商场,走到玩具区的时候,儿子就默默地停了下来,看着货架上各种各样的玩具流露出兴奋的目光。妈妈看见之后,赶紧对儿子说:"走吧,妈妈带你去吃好吃的。"可是孩子根本就没有动。之后,妈妈又用新衣服引诱,儿子还是没有为之所动。于是妈妈强行抱起孩子就走,一边走还一边说:"玩具有什么好玩的,不当吃不当喝,用这些钱吃点有营养的东西不好吗?"可是孩子才不管这些,使劲在怀中哭闹,之后就一路不开心。

这时,旁边的人看见了,赶紧劝妈妈说:"给孩子买一个吧,小孩子都是这样,看见玩具就走不动了,我们大人都知道没用,可他还是个小孩子呢。咱们小的时候不也是这样吗?"

听到这样的话,妈妈一下子被劝动了。她想到自己小的时候,因为家境不好,自己的玩具只有一个小小的不倒翁,每天渴望自己能有点新鲜的玩意儿,即使别人一个小小的玩具也能让她羡慕半天。孩子的天性就是如此。她想:"如果现在站在这里的是当时的我,说不定,我比儿子闹得更凶。"

后来妈妈带着儿子回到了玩具区,孩子高兴极了,挑选了一件大头儿子的玩具,兴奋地说:"妈妈你看,这不是我吗?"妈妈随口答应着陷入到沉思中:"如果当时我能有这样一个玩具,一定也会像儿子一样开心吧。"

有时候,一个人的感受另一个人是体会不到的,我们只有换位去思考,才能设身处地地体会对方的感受。这是人与人交往的一种方法,也是一种增加情感最有效的方法,无论是家人、朋友还是陌生人,这个法则统统适用。

如果一个人想要掌握对方的想法和态度,最简单的方法就是问一问自己,如果我处于这个位置上,我会怎样想。只有做到了这点,你才能很好地掌握对方的心理,从而进行更好的沟通,把话直接说到他的心坎里去,你的目的也就轻而易举地实现了。

王亮是一个出色的营销员,他总是能够做成别人难以完成的任务,每次公司月底总结,他的业绩总是第一名。同事们向他讨教营销手段,他只是轻描淡写地说:"没什么方法,我只是将心比心而已,多站在对方的角度上思考问题就可以了。"同事觉得这种说法一定是王亮在敷衍他们,可事实上,王亮的确善于站在他人角度考虑。

王亮的产品的需要找下线推销员,于是他看好了一位中年阿姨。这位阿姨性格开朗乐观,十分健谈,跟社区里的人都聊得来。王亮想,如果这位阿姨能够成为产品推销员,那么业绩一定非常棒。于是王亮主动结识了这位王阿姨,然后将自己的想法说了出来。王阿姨也非常坦诚,说自己的家庭条件不是很富裕,的确需要一份工作,但是她不仅对王亮的产品不了解,同时对营销方式也不是很赞同。虽然王亮对营销方式做了很多解释,但是王阿姨就是不为之所动。

后来,王亮又试着找了王阿姨几次,把产品的优良性能和广泛的市场空间都做了介绍,甚至还谈到了只要做好营销,就能得到一笔很可观的收入。可是王阿姨每次都不答应。

王亮知道一定是自己的方式还不对,他想:"如果我是王阿姨,我现在最希望的是什么呢?"于是他又去找了王阿姨一次,然后给她讲了身边的一个故事:有一个人用心做产品营销,仅仅用了三年的工夫,就给自己的儿子买了一套房子。王阿姨虽然之前想到过挣钱的事情,但是,她从来没敢想凭借自己的努力能给儿子买套房子。她的儿子正在婚龄,如果有套房子,娶媳妇的事情就不用发愁了。王亮的话一下子戳中了王阿姨的软肋,爱子之心让她坚定地答应了王亮的工作邀请。

不出所料,王阿姨的工作非常出色,作为她的上线,王亮的业绩也是瞩目的。

当我们与人进行沟通的时候,通常会习惯按照自己的想法去说话,把自己的意愿一厢情愿地强加到别人的头上,而不是站在对方的立场上去考虑问题。这种交流方式有时会成为一种沟通的障碍。如果你站在对方的立场上去考虑,对方就会与你产生心灵上的共鸣,关系相处会更加融洽,也会更加容易接受你的想法。

也许有人会想,说话容易做事难,换位思考的方式谁都知道,但是并没有几个人能够真正地做到。这是一句实话,但是难并不代表不可能完成。如果你想成为一个高情商的交际高手,你就应该尝试多用这种方法,遇到事情以后,首先想到"如果换作是我,我最想要什么"。渐渐地你就会发现,换位思考会给你带来意想不到的惊喜,尝到这样的甜头之后,你就会乐此不疲地去运用,然后在一次次的沟通中总结经验,提高自己的观察能力,培养起自己的习惯,从而达到让人听了舒服的说话境界。

第二节 措辞得当的话最让人舒服

中国的语言博大精深，每一个字，每一句话都有其特定的含意，有的话可以随便说，有的话就必须要字斟句酌，否则一不小心就会闹出笑话，或者是引起理解上的差异，进而引起一些不必要的摩擦。因此我们在与人交往的过程中，熟人相互比较了解，说话不必太过于严谨，但是跟陌生人相处，一个词甚至一个语气都能让对方感受到你内心的想法，进而造成交流上的障碍。高情商的人在面对他人的时候，总是能够选择最合适的词语来交流，让对方觉得与其交谈是一件轻松愉快的事情，从而愿意敞开心扉，与其进行更深层次的交往。

一位县长新官上任，发誓要在自己的任期干出一番辉煌的业绩。于是他首先想到的是走访民情。他一个村子一个村子地去了解，但是村民们因为忌惮他是县长，很难放松心态去说出自己的心里话。每到一处，村民们都热情地接待他。他向人们提问题，得到的回答总是"很好""不错""您说得对"之类的话，根本没有什么切实的作用。走访几天之后，县长发现，每一个村子的状况都是一样的，除了浑身酸困，基本上可以说一无所获。他觉得村民们一定是被他的身份拘束住了，不敢轻易提出自己的要求。可是怎样就能够让村民们放松下来，敞开心扉谈话呢？他认真地思考了一下，身份无法改变，穿衣打扮也无法让村民们感到亲切，唯一行得通的方法就是改变自己的说话方式。在之前的几天，他跟村民们讲的大多是国家政策，未来发展，村民们或许觉得这些跟他们的距离很遥远。于是他决定改变一下自己的说话方式，用村民们愿意听的方式去交谈。

再次去走访的时候，县长没有讲之前的那些话，也没有提问什么，只是跟村民们聊天。他说自己当年曾经在这个县城待过，所以对这片土地感到格外亲切，他甚至还会说这里的方言。这下大家都来了兴趣，你一言我一语地说了起来。县长更是开始用当地的方言跟大家交谈。村民们觉得原来县长是这样平易近人，他们好像拉家常一样一点点吐露着自己的心声，向县长表明村子里的困难，渴望政府给予的支持等。看到村民们都轻松自然地说着话，县长觉得真是不虚此行。

之所以县长这次走访能够有所收获，关键在于他及时地调整了自己的措辞，用村民们习惯的方言去交谈，让对方感到亲切，从而放松戒备，产生共鸣，情不自禁地敞开了心扉。

事实上，面对不同的人群采用适当的词汇和方式去沟通是一种非常重要的沟通技巧。尤其是面对陌生人的时候，人们的自我防护意识都比较强，想要营造一个轻松愉悦的氛围更加艰难。那么怎样让合适的词汇来帮助你呢？

按照对方的说话习惯选择词汇。通常来说，每一个人都有自己的说话习惯，对某些词汇有着特殊的喜好。与人们谈话的时，你要认真倾听他们说话，细心观察，当发现了对方的说话方式以后，你在说话的时候就可以刻意地用在自己的话中。这时对方就会感到十分亲切，认为你与他在性格、思想等方面有很大的相似度，因此对你的话也容易接受，从而使沟通更加顺畅。

小李是一个公司的小职员，平时很难接触到一些高层人物。一次偶然的机会，他有幸参加一场高端酒会，他觉得这真是一个开眼界的好时机。他想跟那些成功人士聊上几句，学习一下他们的经验和谈吐，方便以后开展自己的业务。

那天小李到了会场以后才觉得十分尴尬，因为整个会场中没有一个他认识的人。但是他并没有放弃，好不容易得来的机会，他一定要好好把握。于是他在一边静静地观察，终于他发现了一位老总的说话特点，他有一个口头禅"无所谓"，于是他主动走上去跟这位老总说话，故意在自己的话中说了很多"无所谓"，老总感到他与自己十分相似，有种莫名的亲切感，于是主动把他介绍给了其他人，使得小李在这次会上收获颇丰。

尽量使用对方的词汇。很多时候，我们需要交流的人来自天南海北，人们说话时，往往会夹带着自己的方言或者是术语，如果你能够把这些东西运用在自己的话语中，很快就会增加对方的亲近感，愿意与你敞开心扉交流。

PART 3 为对方着想的话听起来更舒服

一个人在广州的大街上一边走路一边看手机，一不小心踩到了一个路人的脚，洁白的鞋子上面顿时印上了一个鞋印，这个人一时间不知道如何是好，只是呆呆地看着被踩的人。被踩者原本觉得踩一下鞋子不是什么大不了的事情，只要对方稍表歉意，就不再追究什么。可是踩人者完全没有道歉的意思，这让被踩者十分生气，打算好好跟他理论一番，于是大声地问道："你瞅啥？"这下踩人者才恍然醒悟，他知道自己已经惹恼了对方，应该想办法去化解一下。好在他听出了被踩者的东北口音，自己虽是广东人，但是自己的妈妈是东北人，他还能说点简单的东北话，于是灵机一动，稍带笑意地回答说："瞅你咋的？"对方一听也是东北口音，顿时产生了一种他乡遇老乡的亲切感，便不再跟他计较，一场摩擦就这样简单地化解了。

尽量不要使用否定别人的词汇，也不要把话说得太满。生活中，很多人都有较强的虚荣心，喜欢被人肯定，不喜欢人们否定自己。因此当对方阐述某种见解的时候，如果你不赞同他的观点，也最好不要直接说"不对""不好"之类的话，这不仅是对说话者的一种不尊重，同时也会让对方产生抵触心理。你可以先对说话者的部分观点表示赞同，在对方接受到自己的肯定之后，再去陈述自己的观点，这样对方也会容易接受一些。另外在说话时，一定要给自己留有余地，尽量避免说一些绝对意义的词语，例如"我敢肯定""绝对"之类的话，因为很多人的怀疑精神很强，如果你把话说得太满，就会激起他们的质疑精神，对你的信任大打折扣。

总之，在与别人谈话的时候，要准确理解对方说话的含意，然后根据需要选择适当的词汇，以简洁的语言表达出来，让对方从心里接受你，认可你的说法。如果你能做到这一点，即使不用华丽的词语，精美的修饰，你一样也能与人进行良好的沟通，成为一个高情商的人。

第三节　大家都能聊起来

　　在交际场中，无论是谁都渴望被重视，渴望表现自己，因此与人交谈时也希望能够拥有同等的说话权利。然而有这样一种人，他们一旦开口说话就很难停下来，别人想说话也很难参与进来，最终把两个人的谈话变成了一个人的演讲。而剩下的那个人只能成为尴尬的听众，他说话的权利被剥夺，表现的欲望被遏制，从而心生不悦。这时，他就很难认同说话者的观点。

　　李楠是一个超级爱说话的人，几乎跟每个人都能聊上好一阵。她自己也觉得自己很有说话的天赋，最适合干的工作就是推销员。有了这份自信之后，她去一家公司应聘，成功地做起了销售。

　　然而事情并没有她想象的那么简单，甚至跟她想的完全不一样。她一直觉得就凭自己能说会道的嘴，那客户还不是手到擒来。可是正如人们说的"理想很丰满，现实很骨感"，她的客户寥寥无几。她的同事小刘还不如自己外向，但是客户却一单接着一单。这让她感到非常纳闷儿。

　　一天，她决定向小刘讨教讨教。她说："小刘，你是怎么谈客户的？你看看我，每天唾沫星子都干了，可全都是白费，根本没有客户，你不怎么说话，客户却那么多。"小刘笑了一下，然后说："要不我谈业务的时候你跟着看看？"出于好奇，李楠就答应了。

　　原来，小刘刚开始根本不说产品的事情，而是跟别人聊天，让对方说说他们的需求，然后针对他们的需求把对应的产品介绍给他们，整个聊天的过程，你一句，我一句，气氛十分融洽，就好像两个熟人在聊天一样。而李楠呢，总是先把产品方方面面地介绍一遍，整个谈话过程都是在自说自话，别人只是一味地听着，这就是两个人最大的区别。

　　小刘告诉她："想要把东西卖出去，你首先得让客户参与进来，给他发表意见和需求的机会，这样对方才有兴趣做更深入的了解。如果你只顾自己说，即使说得天花乱坠，别人也会觉得那只是你的生意经。每一个客户都有选择的权利和挑剔的心理，如果你不给他说话的机会，他就心中不爽，无法认同你的产品。"听了小刘的这番话之后，李楠才恍然大悟，原来自己无法成功，是因为自己太能说了，把天聊到了非常尴尬的境地。从那儿以后，李楠跟别人说话时会刻意克制自己，给对方留出表达的空间，果然业绩开始慢慢好起来。

高情商的人往往把天聊得十分热闹，无论多少人说话，他总能让大家都聊起来。即使有人是不爱说话的人，他也会调动起他的情绪，让其参与到聊天中。每当他说完一件事情，他会主动询问对方的意见，然后把说话的权利主动交到别人手中，这样其他人就有了自己的谈话空间，非常自然地参与进来。

事实上，只顾自己说话是一种很差的聊天方式。因为话不是越多越好，人们经常说"多说无益"，话痨很容易让人感到厌烦，这是一种对他人耐性的挑战。同时，别人没有机会说话，他们心中的观点和思想就无法表达，你也就无法从他们身上获得自己想要的信息，从而使聊天最根本的目的无法实现。因此，与其费尽力气地做无用功，倒不如让大家都聊起来，这样你不仅给了对方尊重，也促进了别人想要与你交谈的兴趣。那么，怎样才能让大家都聊起来呢？

首先要管住自己的嘴巴。聊天不是唱独角戏，如果自己不能控制自己的嘴巴，一个人说个不停，这就极大地挫伤了他人说话的积极性，从而导致别人失去想要表达的愿望。不仅如此，别人还会认为你太过于强势，对你心生厌恶，原本你的想法是多说多交流，最后形象却大打折扣，得不偿失。

其次要向对方提问。向对方提问就是把话语权交到对方的手里。即使对方是一个内敛的人，他也会出于礼貌回答你的问题，一旦他参与进来，谈话就会更加容易许多，慢慢熟络起来之后，他就会敞开心扉，越来越健谈，进而形成一个热闹的聊天气氛。另外，你主动询问别人的意见，会提升自己的亲和力，别人会慢慢地卸下心理上的防备，真正地把心思放在聊天中。

再次要注意寻找灵活的话题。有好的话题大家才会有参与聊天的愿望。因为人们的身份不同，性格不同，社会阅历也不同，所以话题上也很难达成一致，这时作为主导聊天的人，就要注意寻找灵活的话题，一个话题卡住了,大家陷入尴尬的时候,要尽快转换到下一个话题中。在选择的话题的时候,如果聊天的人数较多,最好还是要选择大众化的话题,否则专业性太强,大家无法理解,也会难以参与进来。

最后对方说话时多加关注。认真听别人说话是对一个人素养的基本要求。这不仅是对他人的礼貌,同时也会让别人觉得你认可他说的话,他这时的存在感和参与感就会更强,从而愿意把最真实的想法说出来。当然,别人在说话的时候,更不能轻易打断,这不仅有失礼貌,同时还会影响别人的思路,进而没有兴趣再聊天。

生活中,每一个人都需要社交,每一个人都渴望被重视,如果你想倾听对方的心声,就让大家都聊起来,不要让他们遭遇沉默不语的尴尬。

第四节　投其所好未尝不可

谈话与讲话不同，谈话不是一个人说给另一个人听就行，它还需要收到另一个人的反馈。就好像打球一样，你抛出去以后，对方会再给你传递回来，这样才能形成场精彩的比赛。如果你只是顾着自己说话，完全忽略对方的感受，那么别人自然会失去谈话的兴趣，要么沉默不语，要么用最简单的词语敷衍你的话，谈话氛围一度陷入十分尴尬的境地。所以高情商的人在聊天时，会想方设法勾起对方的聊天兴趣，让他参与进来。那么，最简单的办法就是寻找对方感兴趣的话题。每一个人都愿意别人关注自己的兴趣，他会觉得你理解他，愿意听他说话，从而敞开心扉，尽情地吐露自己的心怀。

杨力是一个汽车销售员。他有着非常丰富的销售经验，几乎能够把握住每一位走到他身边的顾客。

一天，一位男士来看汽车，杨力非常热情地接待了他，并且给他介绍了好几款车。但是看上去好像没有一款是这位男士喜欢的。他不说话，只是轻轻地摇头。杨力看他并没有非常想购买的冲动，于是想着必须下一番功夫好好聊聊不可。于是杨力问："您买车是要自己开吗？"男士摇摇头说："是买给我女儿的，她的画廊开业，我打算买一辆车送给她，算是给她的贺礼。"杨力分明地从男士的脸上看到了骄傲的神采，知道男士对绘画一定充满兴趣，于是问道："您女儿开画廊，您也一定喜欢绘画吧？"果然不出所料，男士的话匣子打开了，开始跟杨力讨论绘画方面的事情。尽管杨力从小对绘画就没有什么感觉，但是此刻面对这样一个客户，他也只能装作一副十分喜欢的样子，倾听男士的绘画心声。就这样，他们已经完全抛开了汽车的事情专心聊起了绘画艺术。

男士越说越高兴，聊了很长时间之后才说道："小伙子，难得跟你这样投缘，我就在你这里买车吧，也不到别的地方去看了。"最后杨力成功地售出了一款车，又提升了自己的业绩。

由此可见，与别人谈论其感兴趣的话题，很容易给人留下一个好印象。

在与人交往的过程中，只有得到了别人的认可，你的产品、你的话才会更容易让人相信。所以与别人聊天时，要尽量去发现对方感兴趣的话题，然后愉快地聊起来，增加你的亲和力，这样才更容易达成自己的聊天目的。销售如此，交朋友也是如此。如果你在聊天时，总是以我为中心，说一些"我认为""我觉得"之类的话，那么没有人会愿意一直专注在你的事情上。你要试着站在对方的位置上考虑一下，让对方也能说说自己的事情，这才是别人喜欢的谈话方式。

在一列长途火车上，坐在对面的两个人很无聊，于是甲主动开口问道："朋友，你是哪里人啊？""我是广东人。"乙简短地回答道。甲接着说："哦，那我们的家乡还真是远呢，我的老家是内蒙的。"乙没再说什么，看来他是一个非常内敛的人。再说两个人陌生人也确实没有什么共同的话题。于是两人又陷入到沉默之中。

火车上实在太无聊了，甲很想跟乙聊聊，打发一下时间。于是又问道："广东有什么好吃的吗？我是一个资深的吃货。"乙一下子笑了，满脸不好意思地说："我也是，我最大的爱好就是吃东西。"于是两人找到了共同的话题，高兴地聊了起来。甲说自己的家乡的手抓羊肉、牛肉干，乙说自己家乡的肠粉、白切鸡，两人越说越高兴，也越来越了解对方，最后还互相留下了联系方式，甚至相约寻找一个合适的机会，去同一个地方品尝美食。

就在两个人愉快的聊天中，时间不知不觉地过去了，他们都觉得这是一趟快乐的旅程。

甲和乙两个人从陌生到结交为朋友，关键在于甲的谈话艺术。试想，如果甲没有试着去寻找与乙的共同话题，那么两个人要忍受一路的寂寞，或许还会错失一个好朋友。但事实上，两人的确相谈甚欢，完全驱除了路途的孤独感。跟陌生人聊天时，因为互相不熟悉，彼此对对方的兴趣爱好、性格特点一无所知，因此聊天往往会陷入到非常尴尬的沉默之中。这时，我们就可以进行试探性地聊天，从一些大众话题谈起，例如工作、家乡之类的话题，然后从中寻找对方的兴趣点，进而投其所好聊天，拉近彼此之间的关系。

也许有人会觉得，投其所好是对别人的逢迎，是一种不好的行为，然而并非如此。投其所好，关键是要看你的目的是什么。以友善为基础的投其所好未尝不可。当你从谈话中发现了对方的兴趣所在，然后进行适当地逢迎，不仅能够使交谈氛围更加融洽活跃，同时还能拉近彼此之间的关系，使人际交往更加顺畅。如果在谈话的过程中，你发现自己的谈话始终吸引不了对方，那么就要及时转换话题，直到将其谈话的兴趣调动起来。

当然投其所好也要注意尺度，高情商的人总是能够不留痕迹地让人感到心里舒服。如果太过于逢迎，反而会让人觉得你是一个谄媚、无事献殷勤的人，那样你在对方心中的形象就会大打折扣，进而成为谈话的障碍。

第五节　心灵相通语言才动听

提到说话，很多人认为这有什么难的，只要有嘴，谁都会说话。事实上，说话容易，把话说得舒服动听却是一件难事。那么什么是动听的话呢？有的人声音好像黄鹂鸟一样婉转优美，但是处处不受人待见；有的人嘴上好像抹了蜜一样，满嘴好话，但是没有一个真心的朋友。真正动听的话是说到人心窝里的，让人听了之后感觉舒服，认为你是最懂他的人。

洋洋是一个具有双重性格的孩子。在熟人面前，他是一个十足的小话痨，经常说个没完没了。但是在陌生人面前，他便变得害羞腼腆，一句话都不说。

一天，课间休息，洋洋趴在自己的座位上哭了起来。同学都不知道为什么，赶紧叫来了班主任。班主任把他带到办公室，轻声地问他："你身体不舒服吗？"洋洋不说话，"有同学欺负你了？"洋洋还是不说话。于是办公室里的老师都走过来安慰他："别哭了，是不是饿了？""你遇到什么难题了吗？"可是无论老师们怎样问，洋洋就是不说话。就在老师们一筹莫展的时候，一位年轻的女老师走了过来，问道："你是太孤独了吗？"听到这话，原本已经停止哭泣的洋洋一下子放声大哭起来，使劲地冲着老师点头。这位老师把他带到自己的办公桌前，仔细地询问，洋洋毫无保留地把自己的想法告诉了老师。

原来，因为他性格腼腆，同学们都不愿意和他玩。每到课间，看着同学们三五结伴走出教室，他自己十分羡慕。今天是他的生日，身边居然没有一个朋友，于是他感到格外孤独，一时间抑制不住自己的泪水，哭了起来。

弄清事情的原委，老师们纷纷安慰他，可是他只愿意跟那位女老师说话。老师们都逗他说："小朋友，你怎么谁都不理，只理那位老师呀？"洋洋脱口而出："因为她最懂我呀。"

孩子是最纯真的，他们往往会把心中最真实的想法讲出来。大人们虽然碍于面子不会轻易把自己的真实想法讲给大家听，但是他们也同孩子们一样，最喜欢那个懂他的人，因此只有心灵相通，语言才会最动听，最打动人心。

PART 3　为对方着想的话听起来更舒服

我们在与人沟通的时候，如果做不到心灵相通，就会出现各种各样的沟通障碍，进而影响你想要沟通的目的。事实上，人与人沟通，并不是谁给谁讲道理，而是彼此之间要建立起一种合作关系。道理只是一种工具，合作才是最根本的目的。单纯地给别人一个工具，别人并不会与你建立起有效的合作，道理谁都懂，关键是要你通过道理把人劝到心服口服，这样才能建立合作，成为真正的朋友。

交际场上，我们难免会与陌生人打交道，那么怎样把一无所知的陌生人变成能够推心置腹的朋友，那就要看你的沟通修为。想要进行有效交流，你就要改变自己开门见山的交流方式，不断揣摩他人的心思，找准对方关心的事情，用诚挚的语言去与其沟通，从而实现心灵的相通，这时所有的事情都会格外顺畅。

古时候，有一个书生，家境贫穷，十年寒窗苦读终于高中状元。之后，他被皇帝任命为官。有幸走上了朝堂。

他的故事传遍了大街小巷，乡亲们都知道他已经不同往日，于是在他回乡探望父母的时候，纷纷前来拜访。书生知道，这些年来，他的家境贫寒，每天吃糠咽菜，没有人愿意跟他家来往，几乎到了门可罗雀的地步。如今他回到家中，人们都一个个都前来拜访。他们无非都是为了来求他办事。于是他一一谢绝了人们的拜访，闭门不见任何人，没有谁有机会说上一句话。

乡亲陈娘有一个儿子，颇有才学，只是因为家境贫困，每年连进京赶考的钱也没有，因此他虽然跟书生一样的年纪，一样有才学，但是却没有机会施展自己的才华。得知书生衣锦还乡，陈娘想为儿子去求个情，让书生帮助一下自己的儿子。可是现在书生根本不见任何人，她也被拒之门外。

一天，她再次叩响了书生的家门，家中传话："乡亲拜访的好意心领了，但是现在实在不方便见客。"陈娘大声地喊道："我今天前来，并不是要讨好大人的，我是向你讨回一样东西……"听到这话，书生感到十分不解，慌忙问父母家中是否曾向他人借过东西，父母都不知道怎么回事，于是书生只好把陈娘请了进来。

陈娘说："大人，你小的时候，家境贫寒，你娘的奶水不足，恰逢我刚刚生儿，于是你娘向我借了奶水哺育你长大。"这时书生才恍然大悟。他感念陈娘当年的救助，也知道她此行来的目的，也知道她的儿子颇有才学，于是答应

她会带她的儿子进京,在合适的机会推举他。陈娘感激涕零,也成功地实现了自己的目的。

因此在与人进行沟通的时候,我们要打破陈规,放弃那些不善变通的沟通方式,而是学着去揣摩别人的心思,注重心灵相通,然后针对对方心里的需求去说话。这样,你的话才能在对方心中起到好的作用,让对方听来动听舒服,从而乐意帮你完成你想做的事情。

PART 4
认同对方是对方认同你的前提

第一节 赞美对方是交际的基础

赞美是一种人际交往的法宝，它具有低成本、高回报的特点。当你真心诚意赞美对方的时候，就能得到对方真诚的回应。相反，当你冷漠对待别人时，得到的也是别人的置之不理。生活中不乏这样一类人，他们不仅不喜欢赞美别人，反而始终将关注的目光放在别人的不足之处，因此成为生活中不受欢迎的人。

夏天来了，小丽去理发店换了一个新的发型。谁知道周一刚进宿舍，上铺小华就哈哈大笑起来："天呀，小丽，你怎么大变活人了？"小丽被她笑得一脸蒙圈，于是问道："怎么了？"她一边笑一边说："现在谁还剪这样的发型呀，你真是 out 了，这个发型看上去至少让你老 10 岁！"

"真的吗？啊——"小丽一边叫着一边钻到被子里去，感觉自己实在不想见人了。

过了一会儿，同宿舍的小芳回来了，看见小丽躲在被子里不敢出来，于是上前询问，这才知道小丽换了一个发型，她冲着小丽说："你出来，让我看看！"

"别看了，小华说至少老了 10 岁。"小丽回答道。

"那你还不打算见人了，一直在被子里钻着吗？"

"那好吧，我出来你可不许笑啊。"小丽一边怯生生地说，一边从被窝里钻出头来。

"这不是挺好嘛，挺可爱的，哪有你说的那么难看呢。"

"可爱吗？理发师也是这样说的。"

"挺可爱的，你别听小华瞎说了，走吧我们一起去教室吧。"

于是小丽下床好好地整理了一下发型，高高兴兴地出门了。后来小华屡屡打击别人的自信心，经常看不到别人的长处，只是盯着短处说一些煞风景的话，渐渐地，同学们都疏远了她。

事实上，小丽的头发已经剪了，难看也好，漂亮也罢，已经成了事实。作为同学，最应该给的就是夸赞，让她自信快乐就好，类似小华这样的人只会用鄙夷的眼光去看待一切，除了能给人们带来郁闷之外，没有什么好的作用，因此她注定在人际场上交不到朋友。

与人交往时，多夸赞对方的优点，不仅可以让对方开心，同时还能给对方留下一个好印象，从而使之后的交往更加顺畅。赞美的艺术在交际场上适用，在家庭生活中也能起到润滑剂的作用。很多夫妻在结婚之前甜言蜜语，你侬我侬，结婚之后因为各种家庭琐事开始抱怨连天，争吵不休，于是感慨"婚姻是爱情的坟墓"。其实，想要经营好一份婚姻，经常夸赞对方就已经足够了。

张姐刚刚结婚不久，就开始向朋友们诉苦，说结婚之后一切都变了。结婚之前老公十分善良体贴，可是结婚之后，他就变成了一个十足的懒鬼，每天回到家，就往沙发上一躺，什么家务活都不干。张姐的丈夫也向别人抱怨，结婚之前，妻子温柔贤惠，可是结婚之后整天就知道唠叨，到处挑剔，真不知道为什么会变成这样。

苦恼的他们分别请教了婚姻专家，但是他们却得到了一个共同的答案，那就是多夸赞对方。从那儿以后，张姐不再唠叨丈夫，每当他在家里做了一点家务之后，她就大加赞赏，并且买点好吃的奖励给他。张姐的丈夫很高兴，慢慢习惯分担家务，张姐的不唠叨也得到了丈夫的夸奖，她又变得温柔起来，家庭氛围很快变得融洽了很多。

赞美他人固然很好，但是赞美也要遵循一定的原则，如果什么事、什么人你都说好，这会给人留下老好人或者不真诚的印象，适得其反。那么如何运用赞美艺术呢？你应该遵照以下几点原则：

赞美要实事求是，态度诚恳。事实求是、真心实意是赞美的根本，只有在这个基础上的赞美才能具有真正的魅力。你所赞美的东西必须是对方真正拥有的东西，而不是无中生有。如果具有夸大的成分，或者是赞美言不由衷，就会让人怀疑你的用心，并且给人留下溜须拍马的不良印象，反而遭至别人的厌恶。另外，赞美对方时，不应该将对方的缺点或者短处作为赞美的对象，例如一个人长得很丑，你非得赞美她漂亮，这时，对方就会认为这不是赞美，而是一种恶意的嘲讽，从而引起误解，甚至产生隔阂和矛盾。

赞美要内容具体。如果你赞美对方的内容太过于模糊，就会让对方摸不清头脑，陷入非常窘迫的尴尬境地。他会认为你的赞美只是糊弄人而已，把你看成是一个谄媚的人。相反，赞美的内容清晰具体，更能表明你赞美的真心，也容易让对方接受，从而对你心怀感激。

赞美要适度。赞美的尺度和频率在很大程度上会影响到赞美的效果。太过于夸张，会让人产生吹捧的嫌疑，将自己置于尴尬之地。如果频繁地夸赞，也就失去了赞美的意义，不会带给被赞美者喜悦。

赞美要选择好时机。赞美的时间对赞美的效果有很大的影响。当你发现对方有什么优点或者是值得赞美的地方，就要及时将心中的感情表达出来。如果时间错过，赞美也不会起到应有的效果。例如一个人拿到名牌大学的录取通知书，心情格外激动，这时你送上最真诚的赞美，无疑是锦上添花，让人更加欣喜。如果这件事情已经过去好久，考上大学的激动心情早已消失殆尽，这时你送上赞美，效果要差得多。

掌握这几点原则，你基本上就可以熟练地驾驭赞美技巧，在交际场上游刃有余，进而成为一个高情商的人。赞美之词谁都喜欢，那么良好的交际就在赞美的基础上开始了。

第二节 不要把对方逼上绝路

俗话说"人活脸，树活皮"，面子向来被人们看重。在社交场合中，每个人都十分注重自己的形象，这时，他们会更加强烈地维护自己的自尊心和虚荣心，如果这时你不小心伤到了他们的颜面，对方就会对你有很大的成见，甚至一直耿耿于怀。

每个人的忍耐程度都是有限的，如果对方不小心犯错，而你又咄咄逼人，丝毫没有留给他一点后退的空间，这时交往的状况就会比较尴尬，甚至当他被逼上绝路，还会奋起反抗，这时就会发生大的争执，酿成不可预估的后果。因此与人交往，时刻要给对方留一个台阶。事实上，把对方逼上绝路也就相当于把一段可能发展的关系逼上了绝路，封杀了自己的无限可能性。

> 小宋和小张都是刚刚毕业的大学生。在毕业招聘会上，他俩共同进入一家电子公司，在公司担任技术员的职务。所谓一山不容二虎，虽然表面上两个人和和气气，但事实上却在暗中默默较量，希望有朝一日升上技术总监的职位。
> 在性格方面，小宋和小张有很大的不同。小宋为人和善，他的信条是用成绩说话，而小张则有些太过于看重名利，甚至有时还会给人一种急功近利的感觉。
> 一次小张因为一点失误而影响到了工作，领导当着小宋的面批评了他，这让小张觉得十分难为情。领导走后，为了缓解小张的尴尬情绪，小宋故意把自己在学校实习期间的一个失误操作讲给小张听，小张这才顺着台阶下来，说道："原来你也有这样的时候啊。"于是脸上的尴尬一扫而光。
> 三年时间很快过去了，上一任技术总监离职，下一任必须从小宋和小张两人中选一个。领导交给两人一项重要的任务。这项任务直接影响着公司未来几年的发展。可就在工作结束的前几天，因为小宋的失误，一组非常重要的数据被删除了。领导得知以后，非常生气，不等小宋解释，就开始大声地责备他。一旁的小张深知这次失误对小宋竞选技术总监的影响，于是他并没有帮小宋解释，而是当着领导的面抱怨小宋："哎呀，这么重要的东西你怎么能弄丢呢！"

小宋本就已经十分尴尬，现在小张也这样说，小宋完全不知道该怎样做。为了维护自己的尊严，小宋只要硬着头皮说道："既然事情已经到了这个地步，那我也不妨直说了，我觉得之前的数据还有很多不完善的地方，我希望用最后的这几天时间再重新整理一份。"小张知道再重新整理是一项非常坚巨的任务，但是他仍旧没有给小宋递个台阶，他想最后将他一军，让他把技术总监的位置让出来。让他万万没想到的是，小宋居然在短短几天时间内真的重新整理了一份数据，而且尽善尽美，得到了领导的好评。最后鉴于小宋的工作能力，领导把技术总监的职位给了他。而小宋和小张因为这次数据的事情已经产生隔阂，最后小张不得不离开了公司。

其实同事之间既有合作又有竞争关系，关键是你如何去看待，心态健康的人会认为同事的能力强并不是一件坏事，他能够在无形中提升你的实力。如果你具有真正的竞争意识，就应该放眼全球，与其他精英竞争，而不仅仅只是排挤同事。很多时候，排挤同事的人也会遭到其他人的排挤，将同事们视为阻挡自己发展事业的障碍，那他最终也很难取得较大的发展。所以同事之间不妨多赞美，多帮助，当他陷入尴尬或者是窘迫的时候，你适时给他找一个台阶，而不是加油助攻将其逼上绝路，这样才能赢得对方的感激和信任，方便工作的展开。那么怎样给他人找台阶呢？

看准情态，做顺水人情。当别人遭遇窘迫的时候，高情商的人会根据当时的状况，对别人的尴尬做法做出巧妙的解释，从而使人们忽略掉尴尬，转向更加积极的方向。例如一个人请朋友到家吃饭，妻子在厨房忙得团团转，一不小心把盐当成糖加到了菜里。吃饭时，看到大家难受的表情，妻子感到十分尴尬。这时，一位女同事赶紧说道："我忙的时候也经常不小心犯错，上次居然把碱面放进了菜里，这可不能怪我们，谁让它们长得都太像呢。"大家哈哈大笑，都不再注意那盘超咸的菜。

转移话题，分散人们的注意力。无论是谁，只要做出不妥的行为，一定会吸引众人的目光，这时，做事情的人就会显得十分尴尬，如果将人们的注意力转移到别处，那么尴尬境遇就会缓解很多。例如，小兰刚刚跟丈夫离婚，参加同学聚会时，女同学大谈御夫之道，这时一位同学见小兰沉默不语，问道："你跟丈夫相处怎么样呢？"小兰的事情不想跟别人说，于是一时语塞，不知道该说什么好。这时，她的一个闺密赶紧转移话题，大声说道："你们这些人不要老想着欺负老公好吗？谈谈你们的工作！"提问的同学一下子被吸引了过去，谈起了工作的事情。

给人一个台阶，不要把对方逼上绝路，不仅是一个人的为人处世之道，同时也能显示出良好的个人修养，能增加个人魅力，从而交到更多的朋友。因此当你受到伤害的时候，要学会宽容，给别人留有余地，最大限度地去宽容，这样就能避免很多尴尬。

当然不要把对方逼上绝路并不意味着就要一味忍让，宽容还是要有一定的限度。掌握好这一点，你的情商就会越来越高，成为一个交际高手。

第三节　附和聆听的艺术

认同别人最简单的方式就是聆听。当别人在表达自己的某些观点时，你认真倾听不仅是对对方的一种尊重，同时也表示你对他的观点十分认同。聆听并不是完全安静地听着，一语不发；适当地回应会使听的效果更好。当别人说话时，你不时地附和，一方面可以让对方知道你在认真听着，并且鼓励他继续说下去，另一方面，你也对他的话比较认同，那样他表达得会更加愉快。例如当对方说到某个观点的时候，你简单回应："对，对"这时起到的效果远比一言不发地听要好很多。

每一个人都希望别人尊重自己的表达，希望听者能够对自己的话表示理解和支持，那样他就会与你建立起更加密切的关系，从而更愿意与你推心置腹。当你在聆听对方说话的时候，还可以对他的话进行简单的总结，从而使说话者的思想观点更加清晰，激发他更好地表达。

另外聆听的艺术还包括向说话者提出一些问题，这些问题看似可有可无，但是在交际中却有着重要的作用。因为提出问题就能显示你对听到的话题进行了思考。事实上，这是一种隐晦的恭维，很多时候，你的问题就包含在说话者的语言中，你提出来，只是明知故问而已，但是对方却喜闻乐见，希望与你做更深层次的探讨，建立起更加密切的关系。

一位知名画家到一个小城市去做讲座。等到他到来以后，该城市的各个媒体都希望对他做一期专门的采访。于是多家媒体纷纷到画家下榻的宾馆拜访，都被画家一一谢绝。这次讲座也就短短五天，画家不想各家媒体大肆宣扬。

小楠刚刚到报社实习，就接到了主编的委派，让她去采访这位大画家。可是采访谈何容易，画家根本谁都不见。于是小楠想到一个接近画家的机会，那就是去听他的讲座。说是讲座事实上就是一些绘画朋友的座谈会，气氛相对比较轻松。画家在讲坛上面侃侃而谈，下面的绘画爱好者们都认真地听着。为了吸引画家的注意，小楠前一天晚上专门对绘画进行了一番了解，准备了好多问题想要提问。

PART 4 认同对方是对方认同你的前提

每当画家讲到精彩的地方，小楠就轻声地赞美，时不时还针对一些不明白的问题进行提问，看上去，给人一种十分热爱绘画的感觉。因为整个讲座时间只有小楠偶尔会说几句话，因此给画家留下了很深的印象。讲座之后的休息时间，小楠专门去宾馆找画家采访，她说自己就是刚刚在讲座上提问的那个人。画家一下子想起来了，并且告诉助手说："这个人对绘画艺术十分热爱，让她进来吧，我们聊聊。"于是小楠顺利地采访到了这位画家，给自己的报社带来了独家采访的报道。

小楠之所以会成功，关键是因为她掌握了附和聆听的艺术，让画家找到了极大的认同感和存在感，对她的印象极佳。事实上，附和聆听也是一种别样方式的赞美。它能够让我们更好地理解别人想要表达的思想，进而在附和和交流中消除理解上的差异性，实现心灵相通，从而促进和改善双方之间的关系，对未来的交往有着很大的促进作用。另外认真聆听别人，能够彻底融入对方的思想中，了解他的喜怒哀乐，从而更好地掌握他的性格特点，日后与其打交道的时候，就能更好地把话说到对方的心坎里去，从而使交流更加顺畅，交际效果更好。

那么怎样去聆听的效果更好呢？你可以从以下几个方面去尝试：

首先你要做到心无旁骛。当别人与你交谈的时候，你最好将自己脑海中其他的事情暂时搁置，这样你就能将所有的注意力都集中在聆听上，这样当听到某些关键地方，你可以进行及时地判断，也方便在提问时更能引起对方的兴趣，避免重要的信息被遗漏掉造成沟通障碍。

其次要保持眼神的交流。眼睛是心灵的窗户，当你用眼神与其交流，对方就知道你在用心倾听，从而有继续说下去的兴趣。相反，如果你不时看看这里，看看那里，那就表明你对对方的谈话没有任何兴趣，这会极大地挫伤说话者的信心，同时也会伤害到对方的自尊心。

再次附和时要注意换位思考。人们常说"想要公道，打个颠倒"，这就强调了换位思考的重要性，当你站在对方的立场上想问题时，对方就会觉得这是一种认同，并且在思想和观点上能够与你达成一致，从而使双方的关系更拉近一步。

最后不要随意进行假设。很多时候，对方谈的内容我们并不了解，这时，我们可以进行简单地附和，让对方知道自己在听，等着他把所有的事情解释清楚。倾听的过程中切不可盲目假设，问一些不着边际的问题，这样不仅会打乱对方的思路，同时也却削减聊天的兴趣，适得其反。

附和聆听最重要的一点就是，不能随意插话。有些人属于急性子，对方一个问题没有解释清楚，他就开始插话提问，觉得自己的理解能力比他人要好，这时不仅自己没有表现出对说话者应有的尊重，同时还会打乱对方说话的节奏，影响表达效果，甚至还会因为理解错对方的意图而搞得气氛尴尬，使交流难以继续，因此附和聆听要适时，把握好关键点。

只要你能够做到这几点，那么你就可以变成一个完美的聆听者，成为让对方信赖的人，你也能够拥有更多的知心伙伴。

第四节　妥协是一种生活艺术

很多时候，妥协总是以一种贬义的色彩出现在人们的面前，人们将其理解成没有立场、好欺负、不坚持原则等。事实上这种理解并不全面，妥协是一种生活艺术，无论是琐碎的家庭小事，还是情形复杂的职场竞争，都能用到。如果你能够合理运用妥协这门艺术，那么你就不是丢失了自己的立场，而是成功地展现了自己的为人处世水平。

社交中，因为我们接触到的人形形色色，性格思想上都有极大的差异，难免会发生误会或者是产生摩擦，如果对我们的生活无关紧要，我们大可不必认真计较，选择礼让反而更能彰显自己的胸怀与气度，这时的妥协就使你的魅力值更高。生活处处都能运用妥协手段，尤其是职场生活中，做一个懂得妥协的人获得成功的概率反而更高。

公司搬家，小陈的座位正好从原先的角落换到了一个靠窗的位置。透过窗外向外望去，高楼林立，视野宽阔，顿时心情都好了很多。就在他为新工位高兴的时候，同事小牛向他走来。小牛是一个性格腼腆的女孩子，工作能力很强，但是基本上不怎么与别人交流。她对小陈说："你能跟我换一下座位吗？"小陈感到很诧异，可是询问原因小牛就是不说。为此小陈并没有答应她的要求，他觉得小牛一定就是为了窗前的视野。原本小陈以为这件事情就这样过去了，但是没想到小牛却专门去找了部门主任和经理要求换座位，得到的答复都是尊重小陈的决定。

眼看换座位无望，小牛每天愁眉苦脸，一副不开心的样子。小陈主动去询问她："你为什么非要换座位呢？"小牛一脸不好意思地说："我找算命先生看过了，说我只要坐在窗前的位置上，就能找到一个如意郎君。"小陈知道小牛因为腼腆到现在还没有男朋友，于是向小牛妥协，把靠窗户的座位让给了她。这让小牛非常感激，之后跟小陈也保持了很好的交流，在工作上给了他很大的帮助。竞选部门经理的时候，第一个支持小陈的就是小牛。

由此可见，妥协有时并不是一件对自己不利的坏事，它是适应社会环

境的一种健康心态，是调节同事关系的润滑剂。当两个人因为一件事情陷入到非常尴尬的境地中时，妥协有利于打破僵局，恢复到原本的轻松状态，甚至还能够促进良好关系的发展。纵观古今，很多成大事的人都具有精妙的妥协艺术，晋文公退避三舍、勾践卧薪尝胆、韩信胯下之辱，无一不是伟大的妥协。懂得妥协，方能进步。

现今社会，交际场上最让人头痛的就是职场问题。进入到职场中，和同事、领导的关系都要处理妥当，尤其是与领导的关系更是不能含糊，因为它直接影响着将来的职业发展。每一个人都希望自己遇到一位通情达理、平易近人的领导，这样自己工作相对会轻松一些。事实上，领导的好与坏并不完全由领导自己决定，下属完全可以利用自己的高情商把领导变成一个好相处的人，从而将上下级的关系维持在一个好的状态中。

高情商的员工会充分运用自己的聪明才智去服从领导的安排，在适当地时候进行妥协，这样不仅维护了领导的颜面，给其留下好印象，同时将双方的关系推向了更加微妙的和谐境地。

赵亮和侯旭在同一家广告公司工作，业绩上也势均力敌。但是最近，赵亮的工作却出现了烦恼。原因就是公司新来了一位年轻的经理。这位经理有一个爱好，那就是约上好多同事一起去泡吧。赵亮和侯旭虽说都是年轻人，但是他们都不喜欢泡吧的生活方式。于是每当经理号召晚上出去，他们两个总是寻找各种理由逃脱过去。

后来，赵亮和侯旭发现，那些经常和经理泡吧的人，业绩正奋起直追，直逼他俩，于是侯旭意识到了危机。可是赵亮仍旧不以为意。于是等再面对经理的邀请时，侯旭欣然赴约，赵亮仍旧婉言拒绝。只是侯旭比较聪明，他刚开始跟经理去了几次，等着关系混熟了以后，他就不再每次都去了，而是偶尔参加一下集体的活动。

一年后，侯旭被任命为部门主管，而其他人在这次竞争中都败下阵来。同事们都非常纳闷儿，工作业绩都相差无几，为什么侯旭会偏偏受到领导的赏识呢？

事实上，赵亮之所以会失败，主要就是因为他不懂得妥协的艺术，太

过执拗的性格让他无法与同事们融合在一起，无法与领导建立起融洽的关系，自然也就得不到领导的赏识。而那些每天都去泡吧的人，只知道一味妥协，有点太过于滥用妥协艺术，让自己变成了一个没有原则和立场的人，他们给自己的工作饱和度不够，领导自然不愿意委以重任。

　　与领导的关系好坏，最基本的标准就是看二者是否能够形成互为依傍的关系。而不是一味地服从领导。有些员工事事听从领导的安排，没有自己的主见，反而不受到领导的重视。职场如此，家庭生活亦是如此。想要经营好自己生活，就必须学会妥协艺术，太过强势势必会给亲人、朋友、邻里带来极大的压力。清代大学士张英接到家书，家人因为三尺宽的宅基地与邻居发生纠纷，这在张英看来完全没有必要，于是修书劝诫："千里来书只为墙，让他三尺又何妨？"于是家人主动妥协，让出了三尺宽，这让邻居感到十分羞愧，于是也让出了三尺宽的空间，从而形成了美名远扬的六尺巷。从此邻居之间化干戈为玉帛。

　　很多时候看似妥协，实际却是一种成功的前进。妥协是一种处世技巧，更是一种宽容的美德，它能够让你在放弃立场的同时得到更多的东西。在今天这个竞争激烈的社会中，人们更应该好好地学习妥协艺术，在人际交往中常常保持宽容的心态，这样你的情商就会越来越高，让身边的人都喜欢与你交往。

第五节 热情鼓励强过厉色责备

生活中我们经常会看到这样一类人，他们好像很有主见，也很有经验，每当面对一件事情，他们总能迅速判断别人的决定或者是行为，从而对他们的不足之处给出严厉的责备或者是给予严肃的警告。好像他们关注的重点永远是人们的短处，至于优势和长处总是自动忽略。因此，这类人常常会打击他人进取的信心，跟他在一起的人经常会感到极大的挫败感，也正是因为这个原因，他与别人的关系并不融洽。

  刘强刚刚升任公司经理，他觉得领导就应该有个当领导的样子，一定要在员工们面前树立起自己的威严。有了这个心理以后，他不仅在员工面前不苟言笑，这样员工们都对他敬而远之。不仅如此，每当有员工犯错，他总是不问青红皂白就严厉地责备，大有一种杀鸡儆猴的感觉。虽然表面上员工们都很怕他，但是背地里都批评他不近人情。

  新官上任三把火，刘强很想在自己的岗位上做出点成绩看看，好证明自己的实力。正好总公司交代了一个非常重要的项目，刘强一口包揽了下来，并且夸下海口，要在非常短的时间内完成。他的一句承诺意味着员工们就要没日没夜地加班了。虽说员工们都不愿意，但是毕竟身为员工身不由己，于是硬着头皮答应加班。

  连着加班好些天，员工们休息时间不够，身体都好像透支了。因为身体状况不佳，小田一时疏忽算错了一个数据。经理看到文件以后，马上就发现了这个错误，于是怒气冲冲地当着大家的面狠狠批评了小田一顿，小田感到既委屈又颜面扫地，当场提出了辞职。经理盛怒之下，又警告其他员工，如果以后谁再犯类似的错误，那么别怪他不留情面。员工们面面相觑，纷纷下定了决心。

  第二天，经理刚一上班，就收到了好几封辞职信。原来他对小田的处置让大家看到了自己的境遇，大家觉得这样的领导太不懂得体谅别人，不愿意跟他合作，更不愿意给他卖命了。

  眼看答应的期限要到了，经理却因为缺乏人手而不能交差，这让他感到格外懊恼，不知道事情为什么会演变成这个样子。

语言的力量有时很神奇，一个人犯错，你厉色责备并不能让他悔改，反而给予其热情的鼓励会让他努力去改进。一个人犯错，让他改正的最好方法就是维护他的尊严，让他有一种自重感，从而反省自己的错误，下次不再犯。

拿破仑是体谅他人的典范。他作为一个军队的统帅，难免会对士兵们进行教育，但是他的教育方式很特别，当士兵犯错，他不是厉色地责备，而是以宽容的态度对待，很好地去照顾士兵的情绪。因此，他的教育总是能够起到很好的效果，士兵们对他也爱戴有加。因为拥有善解人意的统帅，所以士兵们的斗争士气非常高涨，军队的凝聚力和战斗力都非常强。

在一次与意大利的战争中，士兵们奋勇杀敌，疲劳无比。拿破仑夜间巡查岗位，发现一名士兵靠着大树睡着了。在这紧要关头，士兵居然犯了这样的错误，一般人很可能会大发雷霆，但是拿破仑并没有那样做。他没有叫醒士兵，只是拿起他的枪替他站起了岗。过了一会儿，士兵突然醒来，发现拿破仑这个全军统帅居然替他站岗，羞愧而惶恐。

拿破仑没有冲他发火，只是平心静气地对他说："朋友，给你的枪，你们连日作战十分辛苦，又走了那么长时间的路，所以你睡着了可以谅解，但是目前，战事非常紧张，你的一时疏忽就可能断送全军的性命。我巡查发现正好也不困，所以替你站一会儿岗，不过你一定要打起精神，不能再犯这样的错误。"

听了他的话，士兵感到十分惭愧，以后再也没有犯过这样的错误。

生活中，人们往往会忽视鼓励的力量。然而"良言一句三冬暖，恶言一声暑天寒。"无论是谁都希望听到表扬和鼓励，就连在动物身上鼓励也有着神奇的魔力。自古马戏团的驯兽师们在训练动物时，总会轻轻地抚摸它，称赞它，只要它表现稍好，就马上奖励给它肉块。动物们也就乖乖听话，不断发掘出各种新的技能。当人们受到鼓励时，他会感念你的体谅，从而愿意与你更加深入地交往。

一个人的潜能是无限的，现在我们所利用的仅仅只是一小部分，还有大部分未知的能量有待于发掘，当他们心情愉悦，受到鼓舞的时候，就会奋发努力，创造出神奇。因此，每当对方有了一次小小的进步，你就要及时鼓励赞美，激发他取得更大的进步。如果对方有了失误，即使做不到热情鼓励，你也不要刻意去责备对方，否则他创造的积极性就会遭到挫伤。

如果你的身边有一些容易犯错误的人，与其在他们犯错时狠狠地责罚，倒不如在他对的时候多给他一些鼓励，要知道即使微小的鼓励也比严厉的责备强千百倍。

PART 5
说话一定要说清楚

第一节　说话场合很重要

生活中很多人标榜自己是急性子，所以说话从来不注重场合，他以为自己是真性情，实际上却是情商低的表现，这样的人往往会成为一个不合时宜的人，甚至不受人欢迎。高情商的人懂得根据不同的场合说话，总能在各个场合恰如其分地表达观点，看似随心所欲，实际上却是经过深思熟虑的结果，因为他说话的分寸感极强，所以在社交场上如鱼得水。

自从生了孩子以后，小杨感觉自己就快要与世界脱离了，整天只是围着孩子团团转。丈夫也感念她的辛苦，于是带着她去参加同事聚会。

餐桌上，小杨谁也不认识，感到非常无聊，于是丈夫特意把她安排到公司刚刚当了妈妈的女同事身边。这下，小杨感觉一下子找到了话题，大谈自己的育儿经。刚开始时，两个人还低声地说着，害怕影响到其他同事的谈话，但是随着说话的兴致越来越高，她们的声调也就越来越高，完全不顾桌上旁边人的眼神了。

女同事说："平时带孩子还好，即使累点也无所谓，最害怕的就是孩子生病，感觉自己无助到了极点。"小杨赶紧接过话题，说道："是呀，是呀，上次我孩子生病拉肚子，一早上可把我折腾惨了。刚换好干净的裤子没一会儿就又拉了，好不容易拉肚子好点，又开始呕吐，把家里床单、被罩都弄脏了，我收拾了整整一天。"小杨忙着倾吐自己的艰辛，根本就没有看到餐桌上的人都几次把筷子拿起来又放下，甚至还有几个投来厌恶的目光。

后来丈夫示意她别再说了，小杨这才意识到在饭桌上大谈呕吐、拉肚子不适合，她只好尴尬地笑了笑说："小孩子嘛没什么的。"大家也没有说什么，都默默地开始吃饭，好在后来同事们又开始聊其他的事情，气氛才又活跃起来。

小杨在饭桌上大谈拉屎呕吐的事情，很明显就忘记了说话要分清场合，以至于给别人留下不好的印象，给将来的交往和相处也造成不好的影响。

说话是沟通感情的桥梁，是人际交往最重要的手段，如果人说话不能给人留下好感，那他就很难进行之后的相处，尤其是对于陌生人来说，首因效应十分重要。因此你想成为一个交际高手的话就要不断地提高自己的

说话能力，除了要不断地锤炼自己的语言，在对的场合说对的话也是成功交际的关键。那具体应该怎样去做呢？

首先，要注意说话当时的氛围。一般情况下，我们说话要注意应景，也就是保持与当时环境的氛围相一致，喜庆的时候说开心的话，难过、严肃的时候不说玩笑话，玩闹的场合不谈严肃的工作问题等，只有这样对方才会愿意跟你有更多的感情交流，否则人家就会对你心生厌恶，觉得你这个人实在是不懂事。例如一个人的母亲两年前因为车祸去世。他是一个出名的孝子，为此一直难以释怀。然而逝者已逝，活着的人总该要继续生活，两年后这个人结婚了，娶到了自己喜欢的姑娘。婚礼上，到处都洋溢着喜庆的气氛，大家都高高兴兴地祝福着新人。后来，新郎的二姨来了，她的心情异常激动，对着新郎就说："今天是你的大喜日子，如果你妈能看到就好了。"原本新郎早已被喜庆的气氛冲淡了对母亲的思念，这下倒好，二姨的一句话把他小心筑垒起来的保护墙再次摧毁了，他的泪水一下子夺眶而出，整个婚礼都一直心情低落。为此，新娘对二姨有了很大的意见，很长一段时间都不愿意搭理她。

其次，在公共场合要顾及他人的颜面。在交际场合中，不仅要说符合气氛的话，还要注意自己的说话方式，人与人的性格不同，接受玩笑的程度也不同，所以高情商的人说话时不仅要符合自己的谈吐，同时还要考虑他人听后的感受，不能因为某句话而伤及对方的颜面。例如一对情侣逛街，女孩走走看看，男孩则温顺地跟在她的身后，这让很多人看上去都是一个非常和谐的画面。不知不觉，他们已经走了奢侈品的柜台前。女孩子看见了一个漂亮的发卡，久久地看着不愿离去，这时售货员走了过来，热情地招呼她进来试试，谁知女孩脱口而出："算了吧，不试了，试了他也买不起。"售货员看了一眼男孩，他看上去一脸尴尬，一句话没说就直接离开了。女孩看见男孩就这样走掉了，还不知道发生了什么事情，于是赶紧追了过去，最后男孩以"你要的生活我给不了"为理由提出了分手，女孩这才知道，她无意中的一句话已经伤到了男孩的自尊。

再次，不要把私密的话搬到公共场合来说。在不同的场合人们的心理压力也是不同的，即使是同一句话，他们听到之后的感受也是不同的。很多私密的话两个人私下里说或许会显得更亲厚，但是当着众人的面说难免就会让对方感到心理不舒服。例如朱元璋当上皇帝以后，很多从前的穷朋友都来投奔他。一天，他的一个发小远道而来，这让朱元璋感到十分欣喜，立即传诏要见他一面。发小走进殿堂以后兴奋地四处张望，甚至不敢相信坐在正中间那位身穿龙袍的人就是朱元璋。后来走上前去看清楚以后，大声地笑了起来："朱重八，你还记得我吗？没想到你当了皇帝以后还真是威风呀！"因为发小的深厚情谊，朱元璋并没有追究他没有跪拜、说话无礼的罪过。尽管他心中很是不高兴，但还是没有打断发小的话。可谁知道，这个发小并没有注意到大臣和侍卫们的紧张表情，继续回忆小时候与朱元璋的往事，甚至把朱元璋的很多糗事都讲了出来。终于朱元璋忍不可忍，为了维护自己在大臣面前的威严，只好把发小推出去斩了。这位发小就是说话不注意场合，这番话若是放在他们二人私下去说，相信他们童年的情谊会给他带来更多的好运。

最后，注意不同场合不同的说话禁忌。在人际交往中，很多场合中说话都有禁忌，如果注意不到这些，你可能就会让别人讨厌你，或者给别人带来不必要的困扰。例如小赵是一个非常不会说话的人，很多时候他原本都是好意，但是话一出口就引起别人的误会，因此得罪了不少人。一次朋友聚会，他看见朋友带了女朋友，于是就想上前打个招呼："你这个女朋友比你前女友漂亮多了！"他原本只是想夸奖朋友女朋友漂亮，没想到朋友脸色都变了，并且因此回去还吵了一架。还有一次他去医院看病人，他原本想劝病人放宽心安心养病，说："人生老病死都是自然现象，你不要太过于看重这些，安心养病。"结果病人以为自己得了重病，血压一下升高了。

由此可见，说话必须要分清楚场合，如果人们能够多加考虑再说话，效果就会大大的不同。有时候一句话说在这个场合非常恰当，说到那个场合就铸成大错，影响别人对你的看法。

第二节　听众就是上帝

一个人的交际能力强不强，关键是要看他身边有多少朋友，有多少人愿意听他说话。很多时候，我们发现有些人喜欢自说自话，每当公共场合，他总是滔滔不绝地说个没完没了，周围的人一脸无趣，甚至已经各干各的事情，没有一个人在认真听，也丝毫阻挡不了他说话的热情。很明显，说话者并不是一个高情商的人。真正的交际高手会考虑听众的感受，将听众奉为上帝，时刻注意与对方的互动，绝不会把聊天变成是一个人的独角戏。

一个好的说话者一定具有非常强的沟通能力。与人聊天的目的就是在于沟通，使彼此互相了解，进而形成更加融洽的交往关系。如果沟通变成了单向的，听者没有插话或者是表达自己意愿的机会，那他就会对这样的沟通失去兴趣，甚至感觉自己没有得到应有尊重，进而不愿再进行深入交往。

郑敏是一个出名的话痨，熟悉她的人都知道，所以每次大家每次出去玩基本上都不想带着她，因为只要有她的地方就全是她的声音，别人根本没有多少说话的机会。

郑敏新找了一个工作，入职第一天，经理把她带到她所在的部门，对大家说："这是你们新来的同事，给大家半个小时时间，相互介绍认识一下，然后全部到会议室开会。"说完经理回到了自己的办公室。让人没想到的是，在接下来的半个小时里。郑敏一直在介绍自己，方方面面，事无巨细。半个小时时间到了，大家都认识了她，可是她却一个人也不认识。大家面面相觑，表现出一副无奈的神情。走在去会议室的路上，大家纷纷议论，这个新来的同事真的太自我了，根本不给别人说话的机会。

果不其然，每当大家想闲来无事聊会天，所有的话题几乎都会被郑敏抢去，她不管别人怎样想，只要自己说痛快了就行，根本不顾听众的感受，几乎所有办公室的聊天，最后都能变成她的专场。大家觉得她缺乏对别人应有的尊重，为此引来不少鄙夷的目光，甚至和同事们的关系也非常紧张。

沟通是一个相互的过程，只有你对听众有兴趣，人家才会对你有兴趣。

如果在交流时，你总是以自我为中心，讲自己的故事，那么时间长了之后，别人必定会认为你是人一个乏味、没有素养的人，从而不愿意与你交朋友。相反，如果你能够将听众奉为上帝，意识到要将听众作为沟通的中心，将谈论的重点放在对方身上，这样别人才会有被尊重的感觉，找到自己的存在感，从而愿意表达自己最真切的感受，与你进行深层次交流。

将听众奉为上帝看似是一件简单的事情，但是想要使沟通更加有效，更加成功，你还需要进行很多努力，要把话说到对方的心坎里去，完完全全地表达清楚自己的意思。

从交谈形式上来说，你必须弄清楚与自己交谈者的具体情况，对他们进行年龄上的划分。与老人交谈语气要委婉，诚恳；跟年轻人交谈，要语言准确有道理，注重精神上的沟通；于孩子沟通，要风趣幽默，增加孩子们的亲切感，这样，对方才能看好你，与你进行交流。否则你就会使沟通效果一塌糊涂。

一位年轻的保健品推销员在社区中开展了一次产品销售活动。活动的主旨就是与老年人进行沟通，从而让其认识自己的产品并且认可、购买。这位年轻的推销员没有经验，他先是把产品的保健效果给大家讲解了一番，什么反式脂肪酸、胆固醇等，老年人大多数都听不懂。他在前面说得天花乱坠，根本没有看到听众们迷茫的眼神，甚至好些人已经开始打瞌睡都不知道。

活动结束以后，老人们纷纷离场，他们觉得相信一个陌生的年轻人，实在是一件不靠谱的事情。

要注重自己的说话态度。态度是一个人内在修养的外现，如果不得尊老爱幼，基本上就不会考虑到听众内心的感受，进而无法形成良好的互动。通常来说，面对老人的时候，尽量要保持谦逊、恭敬的态度，无论对方的身份如何，家境如何都不以此为转移，这样对方才会觉得你的诚意十足；面对青年的人时候，要保持正常的交流形态，不傲慢无礼也不溜须拍马，只有建立在平等基础上的交流才会效果良好；面对小孩子的时候，要关心孩子的心理状态，不能强势对待，孩子也是需要被尊重的。另外人不可貌相，无论对谁说话都要谦虚恭敬，不能凭借自己的判断去给听众划分等级。

李强打工多年，终于积攒了一些钱创办了自己的公司。在一次行业交流酒会上，李强努力表现自己，想结识更多的人，为以后的公司发展铺平道路。然而可惜的是，参加酒会的人实在太多了，他作为行业内的新人，根本不知道哪个人是行业大亨，哪个人是微不足道的小人物。于是他凭借自己的判断拣选着，打扮入时的人，他与其说话的时候就分明显示出几分恭敬之意，而那些看上去比较普通的人，他与其交流时，就放松了很多，甚至眼中还流露出一种不耐烦的神情。

他自以为自己在这样的社交场合中游刃有余，但事实上，他却忽略了很多人的感受，给自己的事业发展造成了不小的障碍。

总之，与人交流时，不要太过于注重自我，一切以听众为中心，将其奉为上帝，对方才会以礼相待，最终与你建立起良好的沟通。

第三节 话不要说得太满

人们常说："话不要说得太满，事不要做得太绝。"这是一句非常有道理的话。如果一个人总是把话说得太满，不给自己留余地，那么就相当于在不断地给自己挖坑，如果能跨越过去，自然皆大欢喜，如果跨越不过去，就只能掉在坑里，成为别人的笑料。我们生活在这个世界上，很多客观的因素会影响到我们的能力，虽然当今社会提倡自信风采，鼓励人们勇于自我表现，但是当我们把话说得太满，一时办不到的话就会失信于人，次数多了，你在别人心中的诚信度就会大打折扣，进而成为一个满嘴空话的人，失去他人信赖。

罗新的爸爸是一家公司的老总，所以他是一个典型的富二代。在这个物欲横流的时代，富二代的头衔给罗新带来了巨大的光环。因此，他的自信十分膨胀，总是渴望彰显自己的个性，没有他办不到的事情。

事实上，在家中，爸爸总是当他是一个长不大的孩子，公司的事情根本不让他插手。他也习惯听从爸爸妈妈的话。因为是老总的孩子，求他办事的人很多。恰巧他也是一个非常好面子的人，觉得如果拒绝别人的请求会让人觉得无能，于是不论什么事情他都一口答应。一次，一位朋友让他帮忙安排一个好点的职位，他信心满满地说："放心吧，这件事情交给我，我爸公司我还是说话算的。"回到家之后，他就跟爸爸说起了这件事情，可是爸爸一脸严肃地说："你以为经营一家公司是在玩吗？管理层的职位不是随便安置的，如果你的朋友想来，从基层干起我倒是可以给你个面子。"罗新不依不饶："我已经答应他了，要给他找一个好一点的工作，你让我现在怎么去跟人家交代呢？"可是爸爸完全不听这些，维护公司利益一点都不含糊。

后来罗新无奈告诉朋友，只能从公司的基层做起，结果引来了别人一阵嘲笑："原来你也就这点势力呀，一件小事都办不好，算了。"罗新心中暗暗发誓，一定要扳回丢失的面子。

之后又有人找他帮忙，他每次都不考虑自己的能力就满口答应，可是结果都无法兑现承诺，最后大家都知道他是一个整天说空话的人，对他失去了信任。有了这样的印象以后，罗新无论说什么事情，大家也都不再相信他了。

由此可见，当我们帮助别人的时候，不要把话说得太满。别人提出要求的时候，可以答应，但是要尽量避免说一些非常肯定的词，例如"保证没问题""包在我身上"之类，这些词语一旦说出口以后，就会给对方非常高的期失望，当你因为能力问题不能兑现的时候，不仅自己感到羞愧，对方也会感到实现，甚至怀疑你办事的诚意，这对以后的交际会产生不良的影响，这样原本好心，结果却得罪了人。

相反，不确定的词语会给人带来更好的交际效果。当别人求你办事，你尝试用"我尽量试试看""我会努力去做的"之类的话回应。这样一来，对方对你的期望值相对会低一些，如果你答应的事情办成了，那么皆大欢喜，对方会非常感激你的努力；如果事情没有办成，别人也不会心生不满，因为本身的期望值就不是很高，同时还会体谅你为此付出的努力。这也是一种交际的手段。

说话太满的人不给自己留退路，等待他的结果就只有两种，要么失败，要么成功，失败了你的努力全部被抹杀掉，甚至还可能遭到嘲笑，成功了，别人也会认为这对你来说是一件微不足道的小事，感激之情相对会逊色一些。然而在现在这样复杂纷扰的社会中，这种把自己逼上绝路的说话方法会极大地影响到自己的交际。

刘三家养了一批猪，希望可以找到渠道卖到城里去，寻一个好价钱。但是他一个久居农村的人，根本不知道怎样去做。于是他就拜托给经常在城里打工的阿强和阿东。两个年轻人都非常热心，都答应给刘三帮帮忙。阿强说："没问题，我一定想办法给你把猪卖出去。"阿东说："我不知道能不能成，不过我努力尝试吧，有什么消息我通知你。"

得到了两个人的答复，刘三高高兴兴地回家了，期待着他们的好消息。他觉得阿强信心满满地答应了他，一定是有什么渠道，于是每天都会去阿强家打探消息。阿强在一个建筑工地上打工，虽说认识几个厉害点的角色，但他们都是从事房地产行业的，与猪肉挨不着边，根本无能为力。为了这件事情，阿强每天都拜托朋友帮忙，自己也总是出去跑市场。这才卖出去一半。刘三表面上没说什么，可心里却想："答应得那么好，结果就卖出去一半，另一半还是没有着落呀。"

就在刘三感到郁闷的时候,阿东来了,说他找到买猪肉的人了。刘三一下子高兴了,就好像感谢恩人一样握着阿东的手。事实上,阿东在学校食堂工作,他跟采购说刘三家的猪是纯粮食喂养的,采购立马答应购买。

在这件事情上,虽然阿强和阿东每人都帮刘三卖出去了一半,但是他们的得到的感激却是不对等的。阿强付出了很大的辛苦,结果却让刘三感到了些许失望,阿东轻松完成的事情,却让刘三感激万分。之所以会出现这样的状况,就是因为刘三对他们的期望值不同,而期望值就来自两人的承诺。因此凡事都要给自己留有余地,这是一种谦虚的人生哲学。

人生在世,无论什么事情都不能在一个固定的方向上走到极端,因为在发展的过程中,有很多情况提供很多可能性,从而让事情不能按照你预计的轨道去发展,这样一来,你就失去了回旋与灵活机动的余地。所以在做事方面,不要承诺太满,只要用心去努力就好,成功了最好,失败了也无损你的颜面与诚意,反倒让人觉得你是一个谨慎稳妥的人,同时也不会太过苛责于你。

现在人们都在追求自信,于是很多人就把说话满看成是一种自信的表现,事实上,这是一种错误的理解。一个人说话的态度的确能看出其自信心,不过恰恰相反,自信的人从来不会把话说得太满,他们始终懂得谦卑之道,在成功与失败之间游刃有余,既能够把事情做了,也能够实现自己交际的需求,这才是高情商的人。

第四节　拒绝的艺术

不知道从什么时候开始，拒绝已经成为人际交往中最大的难题。因为它关系到面子、交情、尊严等很多方面的东西。当别人有求于你，如果答应，你会为此付出很大的代价，甚至还可能受到伤害，如果不答应，就会让对方伤心，甚至从此交恶，失去做朋友的机会。因此面对这类棘手的问题时，你就要巧妙地学会拒绝这门艺术，既保全自己又不得罪他人。

小华刚刚入职时，工作上有很多不懂的地方，于是她总是向小丽求助。小丽是一个非常热心的人，每当小华需要帮忙，她总是第一个上去帮忙。后来小丽发现，小华依靠她好像已经成了习惯，每当自己有不懂的地方、或者是工作完不成的时候就会来找小丽帮忙。她这样的做法，不仅自己无法提高，同时还加重了小丽的任务量。每次同事们下班，甚至小华也高高兴兴下班，小丽总会因为中途帮助小华耽误工作而加班。她觉得长此以往，对两个人都没有好处，于是就试着拒绝小华。

一天小华又拿出来一堆文件求救，小丽看了一下，全部都是之前教过的东西，小华只是不想费力罢了，于是小丽心中稍有不悦，说道："这些不是那天教过你吗？你自己回去再好好看看吧，尽快掌握这种方法，月底考评你争取得好成绩。我现在帮了你，只怕月底会影响你成绩的。"听了小丽的话，小华自己回去想办法了。

之后，小华又有几次找小丽帮忙，小丽也都以为小华好的方式拒绝了。小华知道小丽已经不想继续像以前那样帮助自己了，但是她说的话也的确在理，于是小华并没有因此而怨恨小丽，她们依旧保持很好的同事关系。

后来小华取得了很大的进步，小丽也从来不会留下来加班，工作相对轻松了很多。

由此可见，小丽是一个高情商的人，她掌握了职场拒绝的艺术。她既没有让小华觉得尴尬也解放了自己，巧妙地用拒绝实现了双赢的结果。很多时候，我们不敢拒绝别人，就是害怕得罪人。认为拒绝别人一是让自己很没有面子，二是有损了对方的颜面。结果勉强答应之后，发现吃苦的还是自己。

　　生活中需要面对拒绝的情况有很多。有的人性格直爽，当别人提出要求时，许多人往往直接拒绝，因此得罪了不少人，交际关系受到很大的影响。有的人性格懦弱，面对别人的要求，即使十分不合理也不好意思拒绝，最后自己委屈自己，不情不愿地做事情。然而生活中，我们经常会看到这样一种现象，一个完全不懂拒绝别人的人，往往得不到别人的尊重。人们并不会因为得到了对方的帮助而感激。

　　凡凡是一个非常乐于助人的人，进入职场以后，她更是放低了自己的姿态，抱着与任何一位同事都搞好关系的想法去生活。每当有同事需要帮助，她总是第一个就挺身而出。刚开始的时候，大家都对她的出手相助心怀感激。可是渐渐同事们发现，凡凡就是一个十足的"老好人"。无论是谁，需要怎样的帮助，她都不遗余力地去帮助。慢慢地，大家对她的感激之情也就越来越浅了，接受帮助的那些人总是在想："反正她也不是只对我这么好，谁的事她都是这样上心的。"后来，大家有什么事情就理所当然地推给了她做。而她也成了大家心中的"便利贴女孩"。

　　像这样一个到处帮助别人的人，本应该是众星捧月，大家都十分尊重她，然而事实并非如此。一次，她因为工作上的事情需要帮忙，结果大家以各种理由拒绝了她。要么就是下班之后有约会，要么就是太累了，总之最后她一个人加班到深夜才完成了工作。

　　生活中不乏这样的人，他们所有的付出在别人眼中都成了理所应当。在这个人情冷漠的社会中，我们与其责备同事们的人心不古，倒不如说凡凡的不懂拒绝，是她自己没有掌握好交际的方法。三毛曾经说过："不要害怕拒绝他人，如果自己的理由出于正当。当一个人开口提出要求的时候，他的心里根本预备好了两种答案。所以，给他任何一个其中的答案，都是意料中的。"只是，我们在拒绝的时候，要尽量掌握好技巧，尽量不要给自己的社交带来不良的影响。那么我们该怎样学习拒绝的艺术呢？

　　委婉拒绝。太过生硬的拒绝会给对方的心里造成一定的冲击，从而影响对你的看法。当你委婉拒绝的时候，既维护了双方的颜面，同时也让对方缓慢地接受了被拒绝的现实，心里相对会舒服一些。例如"我觉得你这种说法我不认同"等。

肯定拒绝。在拒绝别人的时候，首先对对方的做法或想法表示肯定，然后再拒绝，这样会避免伤害到对方的感情。肯定的成分在很大程度上会让对方感到自己被认同，即使请求没有被答应，心中也不会太难过。例如"你的这个产品非常好，只是我们的生产不适合它"等。

同情拒绝。当一个人以一种非常可怜的方式向你求助的时候，你如果直接拒绝可能会再次加深对方的伤心，因此，在拒绝的时候，首先表示自己的同情，让对方得到一丝安慰，然后再说出自己的苦衷，对方会用心体谅，减少埋怨。例如"我知道你现在非常生活艰难，可是我也是自身难保"等。

和气拒绝。当别人对你发出邀请，让你盛情难却，但是你又不得不拒绝的时候，直接拒绝会显得你不懂人情世故。这时以平和的口吻拒绝，表明自己的诚意，然后再拒绝，对方也无话可说。例如："你的好意我心领了，今天实在太忙了，改天有时间再约你好吗？"

恭维拒绝。拒绝别人难免会让对方心生不满，但是如果你能先恭维对方，让他的心情愉快起来，这时再说拒绝的话，他就更容易接受，不会伤害到双方之间的关系。例如"能到您的公司工作我求之不得，可是我确实不能置现在的工作于不顾，希望您能能够谅解"等。

拒绝是人的一种素养。合理的拒绝看似冒犯了对方，事实上却是对双方的尊重。它很好地保护了人与人之间的情感交流，避免了它向不断索取的方向上偏离。因此面对他人的要求时，要保持自己的立场，分清楚边界。这样别人就不会轻易越界。掌握拒绝艺术并不是让我们摒弃善良，只是要我们学会尊重自己的内心，成为更好的交际高手。

第五节　说话语调的力量感

在交际场上，清晰地表达自己十分重要。仔细观察周围的人你就会发现，有的人无论说什么事情，身边总是围绕着很多人，他们认真地听着，就好像在看一场精彩的演出。还有些人无论他讲的是什么，别人总是心不在焉，始终一副无精打采的样子。无疑，前者是一个受人欢迎的人，后者相对来说，交际能力会差一些。究其原因，主要在于其表达能力的不同。一个人的表达能力，不仅包含思维、逻辑、条理、口齿清晰等方面的东西，同时还受到说话语调的影响。

一个人说话，语调会给人非常大的震撼力和带入感，从而让人们更好地去理解自己所表达的内容。当向别人讲述一件高兴的事情时，说话有语调的人往往把气氛描述得十分欢乐，人们也跟着眉开眼笑，到处洋溢着喜悦。当他讲述一件悲哀的事情时，语调低沉，让人感到沉闷，自然也就跟着低落起来，从而更好地体会别人悲伤的情感。无论描述什么事情，效果都十分鲜活。相反，一个人说话时始终保持一个腔调，很容易让人感到枯燥乏味，即使你说话内容深刻，仍旧不能引人入胜。

学校为了提高学生们的语言表达能力，举办了一次别开生面的演讲比赛。演讲题目自己决定，要求所有的同学都必须参加。同学们都十分积极地准备着。

杨阳是班级里的语文课代表，文字功底非常好，她这次演讲的题目是"人生"，她结合社会上的各种风气探讨人生的奥秘。语言优美，辞藻华丽，蕴含着非常深刻的哲理。她把写好的演讲稿反复修改，生怕有一个地方是不完美的。她对这次比赛非常看重，对获奖志在必得。

李林语文成绩并不是很好，他原本不想参与，但是老师及时地鼓励他，希望他勇敢地站在演讲台上。于是他就以"我的童年生活"展开描述，写好了自己的演讲稿。相对杨阳来说，李林的心态要平和很多，他觉得自己参与一下就可以了，至于获不获奖都没关系。

演讲比赛如期举行。站在演讲台上时，杨阳紧张极了，她生怕自己发挥不好得不上奖。于是演讲的时候，她的脑海中一片空白，眼中全部都是演讲稿上的字。于是她以非常快的速度念完了演讲稿，虽然文字优美，表达流畅，但是评委们并没有表现出十分赞赏的意思。等到李林上场的时候，开始他也很紧张，虽说对得奖状并不是很在意，但是这样大的场面还是让他很有压力。他结巴地读着演讲稿，说到高兴的地方居然自己沉浸到了回忆中，于是童年的欢乐与悲伤被他完完全全地讲了出来，说到欢乐时光，他的语调欢快轻松，大家会跟着发笑，说到难过伤心的时候，他的语调低沉哀愁，居然有人眼泛泪花。演讲结束以后，全场响起了雷鸣般的掌声。这让他一脸茫然，觉得完全不可思议。

后来，李林以抑扬顿挫的演讲语调受到了评委和现场观众的青睐，获得了这次比赛的第一名。同学们对他刮目相看，大家没想到，说话的语调居然有如此强的力量感。

事实上，人们在说话时，恰当的语速和语调更能体现一个人的表达能力，让人从中感受到真情实意，从而增强戏剧性的效果。如果说话者总是以一个腔调表达自己的内心情感，波澜不惊，这不仅让说话者自己感到无趣，同时听众也会产生疲倦厌烦的心理。

通常来说，升调传递给人们的是一种激昂的情绪，例如高兴、愤怒、激动等，降调表达的则是一种低落的情绪，例如伤心、失落等。当说话者表达自己内心感受的时候，可以根据自己真实的感觉改变语调，必要时使用一些助词来加强语气，效果就会有明显的不同。那么生活中我们该怎样让自己说话的语调抑扬顿挫充满力量感呢？

音量大小适中。说话时音量大小对听者的舒适度有很大的影响。音量太高容易让人觉得聒噪，从而淡化对内容的理解。音量太低会让人听得吃力，从而不愿意耗费太多的精力去听。至于音量大小，只要对方听得清晰明朗即可。只有让人听的舒服，人们才愿意倾听你的说话，跟你进行深层次的交流。

语速快慢适中。语速快慢影响着人们对话语的理解，语速太快人们就会忘记谈话内容，语速太慢容易让人感到急躁，不想再继续听下去。只有根据实际需要调整说话的速度，尽可能娓娓道来，既让人愿意听下去，也有充分的思考空间。

语调轻柔温和。与人谈话时，语调粗暴尖厉很容易就会给人一种不友好的感觉，容易形成一种以势压人的感觉，让听者心里不舒服，如果语调太过于柔弱，毫无力量感，又会让人觉得没有激情，因此温和的语调让人最舒适，更容易以理服人，展现出语言的魅力。

　　发音正确，吐字清楚。有的人说话思想内容非常丰富，语调语速都拿捏得非常好，只是发音不准确、吐字不清晰，让人摸不清头脑。交谈时往往会花费很多的时间去考虑说的是什么，从而没有进行深层次的思考，影响了人们对内容的理解。

　　掌握了这几个语调技巧以后，你的语言就会更有力量感，更能轻而易举地打动人心，成为社交场上的交际能手。

PART 6
试着让忠言不再逆耳

第一节 尊重是直言相告的基础

在我们结识的朋友中,每一个人都有独特的性格,他带给我们不同的感受。有的朋友经常说自己是直肠子,心里有什么话就直接说出来,做事干脆利索,没有什么藏着、掖着的事情。然而这种朋友又可分为两种,一种人懂得顾全对方的颜面,尽管他非常坦诚,但是说话很注意分寸,绝对不会伤害到对方的自尊。另外一种人也喜欢直言相告,但是他从来不会考虑听者的感受,不管对方能否承受就直言相告,即使有其他人在场也毫不顾忌,最终给对方造成伤害。事实上,后者这种直言相告是一种自私的表现,因为他并没有尊重别人。

很多人说话做事从来都不会主动站在对方的立场上想问题,尽管有时他说话办事的目的是出于好意,但是言语却十分不中听,结果忠言被人理解成恶语,听者最后变成了"不知好歹",两人因此而变得不开心。

琳琳是一个新晋宝妈。生完孩子之后,她觉得应该给自己找点事情去做了。她听别人说,会计专业的人越有经验越好,将来不会为年老失业的事情发愁,尽管她上学时数学并不好,但她还是想去试试学习会计,好让将来更有发展。

她把自己的想法告诉了朋友圈的妈妈们,于是大家纷纷对她表示鼓励:"想法挺好,学习没有早晚,现在学还不迟。""相信自己吧,只要想学就一定没问题的。"……就在大家七嘴八舌地鼓励时,朋友娇娇开始用尖厉的声音说道:"都说一孕傻三年,我看真是不假,你自己什么水平不知道吗?买个菜账都算不清,还想学什么会计。"话音刚落,气氛一下子陷入到了非常尴尬的境地。琳琳知道自己的数学成绩本来就不是很好,娇娇说的也是实话,也没有再说什么,只是就这样被直接说出了真相,难免脸上有些难为情。好在另外一个朋友赶紧打圆场:"数学不好有什么关系,只要努力学习,一定没问题的,你看看人家东东妈妈,还不是一样考上了?"

谁知道娇娇完全没有意识到琳琳的尴尬,又接着说道:"她能跟人家比吗?且不说人家学历比琳琳高,你看看人家的头脑多灵活,什么事情一说就通,你再看看琳琳,说什么半天才反应过来。我这人说话直,你别介意啊,我感觉你要是去学习简直就是白花钱,没事浪费那时间干吗呢!"

琳琳听了以后,脸色变得阴沉,再也没说话。从那以后,琳琳就与娇娇渐渐地疏远了,很多朋友也不愿再多与娇娇交流,以免听见让自己不开心的话。

很明显,娇娇的一番话已经伤害到了琳琳的自尊。生活中有些人性格外向,即使稍微有些直白的话也不是很计较,但是有些人性格内敛,很容易就因为一点事情伤到了自尊。事实上,每一个人都有自尊心,都有自己心中的软肋。当你直言相告的时候不去考虑对方的承受能力,那你就成了一个自私的人,只为自己一吐为快,根本没有考虑到尊重别人。

真正的直言相告必须建立在尊重对方的基础上。如果你想对朋友说一些实话,可以选择没有第三人在场的时候,平心静气地、诚恳地表达自己的想法,哪怕说的都是对方的缺点,对方也会虚心接受。这要比在大庭广众之下,阴阳怪气或者义正词严地表达更让人心里舒服。

宁宁是一个高中生。最近她认识了一些社会上的朋友,穿衣打扮发生了很大的变化,经常一放学就出去玩。她自己觉得只是多交了一些时尚前卫的朋友,没有什么坏处。可是高中是一个敏感的阶段,因此她的行为招来了很多流言蜚语。很多人一看到宁宁就会阴阳怪气地说:"哎哟,宁宁你打扮得实在太漂亮了!"……宁宁的好朋友兰兰和霞霞听到这些冷嘲热讽的话都很不高兴,她们可不想宁宁一不小心步入堕落的深渊。

一天宁宁又出去玩,晚上三四个年轻的女孩送她回来。这一幕正好被兰兰看见了。她一下子冲了上去,劈头盖脸就是一顿批评,并且严厉地警告宁宁:"以后不许跟不三不四的人交往。"当着别人的面,宁宁感觉自己很没有面子,于是反过来责备兰兰:"我的事情不用你管。"兰兰一气之下跑回了宿舍,而宁宁照玩不误,她觉得跟谁交朋友是自己的事情,别人无权干涉,兰兰当着那么多人的面责备她,实在是太丢人了,以后也不想再跟她做朋友了。

后来兰兰把这件事情讲给霞霞听,霞霞决定好好劝劝宁宁。一天晚上,她把宁宁约到图书馆外面的台阶上,直接指出了她最近的表现,并且说了同学们的流言蜚语,劝诫宁宁要注重学习,不要在无关紧要的事情上费心,甚至败坏了自己的名声。经过这次彻夜长谈之后,宁宁的确收敛和改正了不少。她和霞霞的关系也越来越好,经常在一起说说知心话,但是跟兰兰却越走越远了。

生活中，人与人之间的交恶很多时候都是从直言相告演变过来的。有人说自己直肠子，口无遮拦，它体现的并不是你的率真而是你修为的欠缺。说话是一门艺术，自古忠言逆耳，要让对方接受你的忠言就要多下一些功夫去思考。不要让自己的忠言以恶语的形式表达出来，这就失去你忠言的意义。因此，如果你想说话让人舒服，让人乐意接受你的忠言，你必须要站在对方的立场上去考虑，在尊重的基础上直言相告，这样对方感受到的就是来自朋友的温暖，而不是一个自私鬼的冷嘲热讽。

第二节　说说你的悲伤，让对方欢乐一下

幸灾乐祸是生活中常见的一个词语，它是指看见别人倒霉，自己反倒很高兴。怀有这种心理的人经常不招人待见，因为人们觉得他缺乏应有的善意，不值得与其交往。事实上，幸灾乐祸的心理人人都有，它是一种基本人性，人世间的很多欢乐都源自这里。

其实幸灾乐祸心理并不是完全不可取的，关键是你要学会好好地利用它。日常交际中我们经常能看见这样的状况：一个人因为一点事情伤心欲绝，感觉自己是世界上最难过的人。这时他看见一个比他还要惨的人，顿时觉得自己的伤痛挫折根本微不足道，甚至有时反而会高兴起来。很多人深知这样的心理状况，因此在宽慰别人的时候，常常会利用这一心理状态，好让对方尽快地从自己的悲伤中摆脱出来。

同是北漂一族的张扬和邢楠因为共同租住地下室而相识，成了室友。可是，因为北京的生活节奏快，他们一天几乎在家里待不了多长时间，所以两个人并不是特别了解，他们只是知道对方家庭条件都不是太好。

一天邢楠下班回来，看见张扬独自蜷缩在床头，一副痛苦不堪的样子，邢楠走上前去轻声地询问，压抑好久的张扬泪水一下子决堤，悲伤地向他诉说了自己的遭遇。原来，张扬有着自己的创业梦想，但是他这个想法父母和女朋友都不支持。大学毕业以后，他原本可以在自己的家乡当一个公务员，虽然工资不高，但是收入相对来说比较稳定。然而他觉得那并不是他想要的生活，于是不顾家里反对决定来北京闯荡一番。父母反对的态度很坚决，甚至因为这件事情要跟他断绝关系。他觉得世界上竟然还有如此不理解孩子的父母，这让他非常伤心。他来北京的半年多，父母基本上都不怎么理他，每次他打电话回去，他们都是问他是否平安，知道他健康就直接挂掉了电话。女朋友也一再坚持让他回到家乡发展，他想让她多给点时间，好让他在北京闯荡一番，但是女朋友现在居然要跟他分手，说跟他在一起看不到未来，她已经有了新的男朋友。现在他觉得自己是世界上最悲惨的人。

听了张扬的哭诉，邢楠也感到非常心酸，北漂的生活的确是这样艰难。可

是他们都来自贫困的农村,唯有依靠自己的努力才会打造一片天地。他也很痛苦。可是为了让张扬的情绪缓和一些,他只好故作轻松地说道:"嗨,我以为什么事情呢?就这些事你就受不了了?"张扬一下子停了下来,疑惑地看着他。邢楠接着说:"虽然你的父母不理解你,但是至少还会有人接你的电话,我的父母早在我小的时候就离开了,如果他们现在还健在,我宁愿他们打我骂我,不理解我。我从小被爷爷奶奶抚养长大,家境贫寒,每当有女孩对我有一丝好感,知道家庭状况之后就知难而退了,所以我到现在还没有女朋友呢,想体会你现在这份心酸都没有机会。你说说,你有我惨吗?"张扬听了之后反而开始劝邢楠要想开一些,想想自己的确要比邢楠要幸福很多,于是两个人化悲痛为力量,就这样,一场诉苦变成了励志大会,他俩都更加坚定了打拼的信心。

很多时候,说说你的悲伤的确是一种安慰人的好方法,但是当你运用这样方法的时候,也要注意对方的情绪。如果对方找你来只是想倾吐一下自己的苦恼,并没有心情去听你的故事,或者是你编造出来的凄惨,那你的这种方法就不会奏效,因为他只沉浸在自己的世界中无法自拔。相反,对方想要来寻求安慰,你就动动脑筋让他高兴起来。

小丽期末考试成绩不太理想,本身自己就非常难过,她的父母又太过看重孩子的成绩,于是拿着卷子一顿批评,并且让她把错题全部改正。小丽听了父母的责备以后,难过极了,于是跑到自己的房间去大哭起来,甚至连饭也不肯吃了。于是妈妈进来劝她:"小丽,你是个好孩子,千万不能再这样任性下去,你得向隔壁的姐姐学习,人家刻苦努力,最后不是考上清华了吗?"听了这些,小丽不仅没有被激励,反而更加生气,直接告诉妈妈:"我不是上清华的材料,我也不想再学习了。"

大家劝说无果,恰巧小姨来了。她走进房间对小丽说:"你这点挫折就承受不了了?要知道即使你这次考得不好,也比小姨每次都强很多。我那时候,每次考试都不及格,回家被你姥姥又打又骂,你有我惨吗?咱们同病相怜呀!"小丽听了立马破涕为笑,跟着小姨高高兴兴去吃饭了,之后还主动改正了错题。

安慰别人、劝谏别人是一门艺术,是一门高深的学问,它需要你对对方的心理进行研究。能在合适的时机说出自己悲惨的故事,用自己的失意去安慰别人的伤痛,很多时候,你向别人进言的时候,忠言逆耳,很难让人接受，但是当你用自己的故事，或者是编造的故事打动他之后，他的心情稍稍得到了平复。这时，你再将自己的诚挚之言说给他听，效果就会大大的不同。

世界上很多不好的事情都是我们无法掌控的，我们无法替代别人的伤心，替代别人去改正，但是作为亲人或朋友，我们希望他们越来越好。这时，我们就需要进忠言，如果想让别人听着舒服，你不妨把自己的悲伤说来听听，让对方欢乐一下。

第三节　以柔克刚的劝谏

想说服一个人，方式有很多种，例如威严震慑、威胁恐吓、名利诱惑、以柔克刚等，每一种方式都有其不同的效果，但是真正最能打动人心的还要算是以柔克刚。人们经常说"四两拨千斤"，充分说明了柔的巨大能量。生活中，不乏这样的事例，水是柔软的，但是它能滴穿石头；蚂蚁是弱小的，但是坚硬的骨头仍旧是它们的饕餮盛宴；纸张虽软但是却能割破人的手指。说话也具有同样的道理，很多事情温柔的语言要胜过强悍的恐吓。

无论是在工作还是生活中，我们的亲人或朋友难免会做出很多错误的决定，这时，我们作为他最亲近的人就应该给予劝谏和指正。当然，或许人家本身并没有意识到自己的错误，你就这样直接指出，难免会让人家心存不满，从而引发一场口舌之战，甚至产生更大的矛盾。遇到事情采取硬碰硬的方式解决，这是最愚蠢的手段。

一个人走在大街上，不小心看了另外一个人一眼，于是悲惨的故事就开始了：

"你瞅啥？"

"瞅你咋地？"

"我偏不让你瞅！"

"哎——我就偏瞅了！"

两个人互相不服气，最后僵持不下动手打了起来，结果两个人都受了伤，被送到了医院。

当然，这只是一个小笑话，但是其中却蕴藏着一个哲理，硬碰硬不是解决问题最好的方式。适当地放软自己的态度，或许会取得更硬的效果。从前一个绅士和一个无赖在狭路上相逢，无赖想要羞辱绅士，于是大声说道："我从来不给狗让路！"说完之后，他的脸上洋溢起得意的笑容，接着绅士说道："我恰恰相反。"说完，让到了一边让无赖先过去。表面上

绅士被骂狗，但是事实上，无赖却被绅士侮辱了智商。当然这是以柔克刚应对欺凌的方式，这种方式同样适用于劝谏他人。

当你在劝谏一个人的时候，因为说话方式的不恰当而造成朋友、同事关系紧张，这时你就要检讨自己的说话方式，看看是不是自己的忠言十分逆耳，让对方难以接受。俗话说"百人百心，百人百性"，有的人性格内敛，有的人性格外向，有的人性情刚烈，有的人性情柔和，所以每个人接受劝谏的能力也不同。纵观古今，有智慧的人总是用软话去说服别人，这在很大程度上避免了双方因话语冲突导致的彼此伤害。

陈亮高中毕业之后，看见很多朋友经商赚了大钱，于是羡慕不已。他想："反正大学毕业之后也要拼搏自己的事业，倒不如现在就到社会上锻炼，积累更多的经验。"他把自己的想法告诉了爸爸妈妈。一听这话，爸爸立即暴跳如雷，拿出父亲的威严说道："你的想法我不同意，你给我好好上大学去，否则有你好看的。现在孩子哪有不上大学的？"一边说还一边要张罗着教训他一顿。看到爸爸反对的阵势，陈亮也非常生气："我不管，反正大学我是不会上的，我要自己闯荡出一片天地才行。"说完跑回了自己的房间。

几天过去了，尽管父亲几次威胁，陈亮还是坚持不上大学。妈妈知道陈亮的脾气很执拗，如果非要跟他对着来，一定就会把他逼到相反的方向上去。于是，她走进他的房间，平心静气地说："孩子，你想要闯荡自己的天地，说明你已经长大了，妈妈为此感到高兴，你的说法是有一定的道理。但是你想过没有，有一天等你当上领导，员工们都是高学历的人，到时候你怎么管理他们呢？你的吃苦耐劳根本不足以让他们信服。如果你的公司再发展壮大，有什么国际业务，你的英文水平够吗？人一辈子都要不断地学习才能不断地进步，如果你从现在就开始中断学业，高校的知识你接触不到，将来会给你的发展带来很大的阻力。如果你告诉我你将来也不会再学习了，那我就尊重你的决定，我和你爸爸也就不再期望你什么了。"

妈妈走后，陈亮反反复复考虑妈妈的话，虽然妈妈没有生气，但是他却感到了十分大的压力，最后他考虑再三，觉得上学是爸爸妈妈的期望，也对自己的未来有好处，于是决定听从妈妈的建议，去上大学，学业完成再考虑经商的事情。

陈亮在父亲的强硬态度下没有屈服，反而一天比一天坚定自己的想法，

母亲三两句软话，他就完全听了进去。由此可见以柔克刚的确是一种行之有效的劝谏手段。然而一味服软讨好，有时也不会达到想要的效果，柔也要用得恰到好处。我们具体应该怎样去做呢？

把握分寸。以柔克刚最根本的目的就是在不伤害到对方颜面的情况下，委婉地指出对方的错误和不足之处。因此在说软话的时候，一定要把握分寸，既不能让语言太过于绵软无力，又不能说得太过让对方觉得尴尬难堪，从而起到相反的作用。

蕴含道理。劝谏别人无论采用哪种方式，最主要的是以理服人。如果你说的都是一些无关痛痒的话，对方根本就不会在乎，更谈不上"克刚"了。事实上，"柔"不是低声下气地祈求一个人听从自己的劝谏，而是用委婉的方式去告诉他一个道理，这是一种心理上的交锋，让对方从柔声细语中听出自己的错误，改掉自己强硬的态度。

说软话并不是屈服，更不会有损于颜面，它是一种内在素养的体现。通常情况下，我们面对一个态度强硬的人，很难做到平心静气地对待，但是高情商的人一定能够巧妙地运用语言的力量让对方心服口服。

第四节　言简意赅效果更好

语言能力对于一个人的交际至关重要。有的人说话条理清晰，逻辑缜密，三言两语就能把一件事情说得清清楚楚，明明白白。而有的人，说话冗长无味，就好像懒婆娘的裹脚布一样又臭又长，完全激不起人们倾听的兴趣，也无法实现自己说话的目的。相较之下，人们更愿意听前者说话。自然，这种人也就会成为社交场上的高手。

高情商的人说话注意场合。当跟熟悉的朋友在一起时，他会天南地北，海阔天空地随意表达自己的想法，给人一种轻松自在的感觉，但是在正式的场合中，他们就会格外注意分寸。在表达自己想法的时候，尽量言简意赅，话一出口就能够立刻让别人知道想要表达的意思。从而能够给人留下一个简单利索、思维缜密的印象。

麦克是一家上市公司经理。平日里他的工作很忙。几乎总是出差，待在公司的时间很少，所以对部门员工并不怎么熟悉。后来一个部门主管职位有了空缺，他就想物色一个合适的人来进行补充。因为自己的时间安排非常紧密，所以他打算利用自己中午休息的时间来听一下员工们的工作报告。

第一个进来的员工三言两句就把部门状况介绍得一清二楚，麦克非常满意地点点头。第二位员工进来，她把自己的观点罗列了大大小小十几条，每一条又举例非常多的数据来论证，从表面看上去，这位员工的确很用心，但事实上，她的好多观点都有重叠的地方，还有很多观点对公司的发展完全没有意义，根本就不必拿出来论述。她的报告又碎又长，作为领导，麦克又不想打断员工的报告，结果可想而知，这位员工自信满满地阐述了一中午，甚至把后面员工的时间都占用了。麦克只好第二天又花费一中午时间听了其他员工的报告。

后来麦克把第一位员工任命为部门主管。这让第二位员工感到不可思议，他怎么也想不明白，为什么自己报告做得那样详细,结果却输给了三言两语呢？

很多时候，语言的力量并不能用长短来衡量。之所以麦克会任用第一位员工，就是因为其说话言简意赅，懂得什么是重点，什么不必浪费太大的精力。第二位员工虽然语言详细,但是很多都是无用功,全都是一些可有可无的东西。如果让这样的人担任领导,那么他很可能就会把无用功的量加大,影响工作效率。

职场上如此,生活中也是如此。女人天生喜欢含蓄地表达自己的心意,有时甚至还会拐弯抹角,让别人猜她的心思。如果她想表达一件事情,必定会进行很长很长的铺垫,这时,就会容易让人没有耐心。男人和女人吵架,很多都源于此。男人没有太多的耐性,他希望得到一个言简意赅的结果,而不是无休止地峰回路转。所以女人成了男人眼中的"唠叨鬼",男人成了女人眼中的"没情趣"。

男人工作一天回家,女人已经在家准备好了饭菜,于是二人洗手开始吃饭,一边吃一边聊天。

"老公,我今天去参加同学聚会了。"女人首先说道。

"是吗?玩得开心吗?"

"还好,大家都有了很大的改变。"女人有些感慨地说道,"以前小丽是我们班最土气的一个女生,现在你再看看,简直是大变活人。真是人靠衣裳马靠鞍。"

"衣服是挺重要的。"男人附和说。

"你是不知道,她穿的那条裙子漂亮极了,我敢说谁穿条那样的裙子都会变漂亮的。"

"哦。"男人对讨论衣服没什么兴趣,开始埋头吃饭。

"你们男人总是这样,一提到打扮就不想再说话了。"

"那我该说什么呢?"男人有些不解地问道。

"你想想该说什么呀?"女人故弄玄虚地说。

"我哪知道应该说什么呀?"男人有些不耐烦了。

"你看看你,总是这个样子,一说点事情就不耐烦了。"

"你心里有什么想法直接说好了。"

"那好吧,我想买条裙子。你这人一点都不懂得女人的心思。"

"买就买呗,一直兜圈子有意思吗?真是无聊。"

于是两个人生气了,女人觉得男人一点也不理解自己的心意,男人觉得工作一天回家还得猜心思真是太累了。

所以说，生活中言简意赅有着非常重要的作用，它直接影响着别人对你的印象。当然，言简意赅并不是简单意义上的说话直接、简单表达，所谓"言简"必须要恰到好处。当别人听到你的话就会立即明白你的意思。如果一味追求话语简洁，把应该有的东西全部都删除了，这样的表达就会让人摸不着头脑，不知所云，最后造成误解或者形成沟通上的障碍，这在交际中是不可取的。所以言简意赅，必须要建立在意思明朗、准确的基础上，句句围绕主题展开，意思完整，把自己所有的心思有条不紊地展现在听者的面前。如果事情确实需要很长的言语来阐述，那一定就不能都追求简单，否则就会影响整体的效果。

如果你想要练就言简意赅的说话方式，那你在生活中就应该刻意地去培养自己的分析能力，从一件事情的表面现象能够认清其本质，从而进行概括，这样说出来的话就会精准到位，劝谏别人的时候，对方才愿意倾听。简单来说，就要注意以下几点：

首先说话时要分清主次。重要的事情要重点阐述烘托，不重要的事情可以轻轻带过，或者是不提也罢，言多必失，得不偿失。

其次就是紧紧抓住主题。当你明确自己说话的重点以后，所有的阐述都要围绕这个重点展开，与这个主题没有关系的话要尽量少说，不能把话题引到太远的地方。

再次要注意语句顺序，做到胸有成竹再说话，以免条理不清晰让人难以听懂。说话时要尽量选择短一点的句式结构，这样直接明了。

最后不要使用生僻字，通俗的词语让人听起来更加舒服，更容易接受。

第五节　无视尴尬的聊天

生活中几乎每一个人都遭遇过尴尬的状况，例如不小心摔倒，不经意间做了一件丢脸的事情等，而往往这些瞬间都容易被人们看到。这时，他们需要的往往不是他人的帮助和拥抱，相反，别人视而不见或者是冷眼旁观会让他心里更舒服一些。交际场上，尴尬的聊天也是如此。当聊天陷入尴尬的时候，很多人会不经意地主动帮助其解围，好让尴尬的人能稍微放松一些，殊不知，这时候的热心反而不被别人领情，甚至还能引来别人的厌恶。

同事聚会，吃完饭之后，大家就开始七嘴八舌地聊起来。这时，有个女同事不小心说错了一句话，她的脸一下子红了。虽然坐在她身边的几个人听到了，可是谁也没有说话，只是气氛难免有些尴尬。这时，热心的同事小王，赶紧解围说："嗨，有什么难为情的，说错话怕什么？谁还不说两句话错话呢。""没错，没错。"身边的几个人附和道。这下，他好像更来了精神，大声地开始谈论口误的事情。完全没有注意到女同事更加尴尬的表情。

后来，他的高谈阔论引来了坐在其他地方的同事，大家都不明所以地问起来，这下好了，大家都知道女同事刚刚说错了一句话。女同事本就性格内敛，经常会感到害羞，现在她看着大家憋着想笑的样子，更加无地自容。可是小王仍旧没有停下来的意思，眼看女同事的表情由难堪变成了愤怒，小王却丝毫没有察觉。好在同事小张发现了女同事的情绪变化，他没有阻止小王说话，只是高声地号召："来吧，我们对歌怎么样？"大家纷纷表示赞同，小王也自然而然地停下来，这时女同事才恢复了原本的神情。

之后，女同事跟小张成了很好的朋友，但是对于热心的小王，她却始终没有好感。

由此可见，当别人身上发生尴尬的事情，让大家看见或者知道会伤及自尊心时，我们不能一厢情愿地去解围，或者是给予其安慰。因为他们并不想事情弄到尽人皆知。这时，我们最好的解围就是假装什么也没有看见，

让尴尬在无视中自动化解，这样对方才会觉得你是最体贴的人。因为你用无声的方式维护了他的自尊和颜面，保护了人人都看重的东西，他自然就会对你心存感激。

很多尴尬和痛苦原本并没什么，只是在别人的"热心帮助下"才闹得越来越大，越来越严重。尤其是当你面对的是一个自尊心非常强的人时，你的热心对他没有任何正面作用，只会让事态继续恶化。所以当面使他人尴尬的时候，我们不能进行热加工，而是要进行冷处理，漠视一切反倒相安无事。那么当聊天陷入尴尬的境地时，我们该怎样去做呢？

假装没有听见。当别人说错话的时候，最害怕的就是引起别人的关注，成为众人嘲笑的焦点。这时，你可以直接无视这种尴尬，就好像根本没有听见一样，该说什么说什么，该做什么做什么，对方也就能完全放下心来，渐渐忘掉这件事情。

善意曲解。很多时候别人说错话，我们也分明地听到了，显然假装听不见是不可能的。这时，你大可以装得糊涂一些，装作没有听懂他的意思，故意从善意的角度去理解对方的话，将其引到有利于化解尴尬的方向，这样对方也会就势顺应你的理解，从而自然地把尴尬化解掉。

转移话题。当别人说错话的时候，故意不去理会，别人不仅不会责备你，反而心存感激。为了不让大家将关注点都集中在尴尬之上。高情商的人总会试着转移话题，把大家的注意力分散到别的地方。尤其是在社交场合中，谈到严肃、敏感的话题时，交流就会因为尴尬受到很大的阻碍。适当地转移话题能够缓和一下紧张的气氛，让人们的心情放松下来，这时刚刚严肃的话题就得到了淡化，从而使僵持的场合重新活跃起来。

审时度势。很多场合中，谈话的双方会站在对立的位置上，他们互相对对方的观点不满，并且因此而发生争执，气氛一度陷入非常尴尬的境地，这时你既不能偏袒一方，也不能维护另一方，以免留下厚此薄彼的罪名。这时你最好无视他们各自的观点，针对他们各自的可取之处提出另外一个完全不同的见解，直接将他们的尴尬忽略过去，从而引起新的话题。

给一个走下台阶的借口。在交际过程中，当有人陷入到聊天的窘境时，这往往是因为他们在特定的场合做出了不合情理的事情。在这种情况下，你最好的解围方式不是针对他的尴尬一味地进行解释，而是重新开启另外一个话题，并且让人们理解到在这种场合下，陷入尴尬的朋友的行为是无可厚非的。这样，你虽没有直接解释，但是却无形中化解了对方的尴尬，使他的心情得到缓解。接下来的聊天也能得以正常进行，不会影响任何人的情绪。

PART 7
说话前一个好的心态很重要

第一节　学着对生活微笑

微笑是一种妙不可言的社交手段。很多时候，它比语言所要表达的情感还要微妙。人们常说"伸手不打笑脸人"，微笑给人传递的始终是一种善意，例如对家人微笑，表示爱与关怀；对爱人微笑，表示柔情蜜意；对朋友微笑，表示友情的真挚；对上司微笑，表示尊敬与问候；对下属微笑，表示和善与鼓励；对仇怨之人微笑，表示宽容与大度；对陌生人微笑，表示理解与友好……

始终保持微笑是一种美好的心态。如果我们能够培养起欢乐的心境，学会对生活微笑，那么生活就会对我们温柔以待，不断回馈给我们更美妙的生活享受。

生活中往往有很多事情不尽如人意，并且不以我们的意志为转移，我们无法去改变环境，但是我们可以改变自己的心态，微笑去面对生活。只要我们始终保持一个好的心态，生活就会不断地朝着更好的方向发展。任何事情都有其两面性，有的人习惯看坏的一面，觉得生活处处都是艰难，于是整天愁苦不堪。有的人习惯看好的一面，觉得生活并没有完全辜负我们，所以就会快乐很多。

小孙和小赵是两个敢想敢干的年轻人。他们来自同一个城市。小孙生性开朗活泼，遇事总是微笑对待。小赵性格内敛，总是居安思危。两个人在一起配合得非常好。后来他们积攒了一定的资产，合伙开办了公司。

可是天有不测风云，公司开办没多久，金融危机席卷了全球，他们的公司规模太小，经不住冲击倒闭了，这下两个年轻人深受打击。最初的几天，他们意志消沉，一时间难以接受自己多年的心血毁于一旦的事实。

过了很长一段时间，小孙觉得总是这样低迷毫无意义，他决定重振旗鼓，从做小生意开始，准备将来再重新开公司。他觉得生活不会总是亏待他的。然而小赵并不这样想，他每当想到自己损失掉的那些钱就万念俱灰，不敢再轻易尝试了。虽然小孙一再劝说："我们阻挡不了生活中的不幸，但是通过这次努力，我们总结了很多经验，将来一定能够发展壮大的，只要我们乐观向上，任何力量都无法击败我们。"小赵虽然认同小孙的话，但是他始终不敢再尝试了。于是小孙自己做生意，小赵则找了个安安稳稳的工作。

小孙的创业之路并不是很顺利，但是无论是什么困难在他面前都微不足道，当遭受别人白眼的时候，他给予对方微笑，使对方无法拒绝；当遇到尴尬的时候，他也微笑面对，使谈话的气氛顿时活跃起来，迎接他的就会是无限的生机。经过几年的摸爬滚打，他的生意终于步上正轨，并且发展得越来越好。

由此可见，无论是说话还是办事，好的心态永远是成功的基础。事实上，人的注意力并不是无限的，当你沉浸在一件事情的时候，就会忘记另外一件事情。当你不断地培养微笑的心态，心中的烦恼和愁苦就会被驱散出去。

通常来说，微笑的人会是交际场上的高手，因为每个人都喜欢阳光，愿意同能给我们带来正能量的人交往。与人谈话的时候，微笑能够带给别人安慰和快乐。所以，你想在生活中拥有好人缘，能够在任何场合都游刃有余，就必须要在说话之前培养起一个良好的心态，学会微笑面对生活，这时你才更有魅力。即使与人交流时，言语中稍有不妥，看着你微笑的样子，美好的心态，别人也会宽容大度地对待你。那么怎样能够让自己保持微笑呢？

懂得知足。生活中总有一些人悲观消极，觉得自己的生活处处不如意，谁都比自己生活得幸福。事实上，幸福与否关键是你如何去看待。或许在某一方面，你的确没有别人强，但是总有很多地方他们是不如你的。如果你能够看到自己幸福的方面并且为此感到满足，心态就会渐渐好起来，只要懂得知足，你就能够常乐。

不要好高骛远。俗话说"冰冻三尺非一日之寒"，凡事都有一个循序渐进的过程。如果你太过好高骛远，渴望金钱、名利，那么这些不切合实际的欲望就会让你掉入痛苦的深渊，渴望而得不到的心情始终无法让你轻松，那么你的好心态自然也就无从谈起。

往好的方向去想。有的人容易焦躁，一旦觉得生活的局面不可控制，就感觉天要塌了。事实上，事情总有两面性，塞翁失马焉知非福，你多往好的方面思考就会快乐很多。即使不幸的事情已经发生了，那你也应该看清现实，努力出创造出好的条件，使其朝着有利的方向发展，从而充满愉悦的期待。

不纠结于不幸。生活中不幸的事情是我们无法操控和避免的。如果发生，我们能做的也只有去正视它，试图寻找最好的解决办法。一味地沉溺、纠结在痛苦中对生活来说毫无意义，它是形成良好心态的主要障碍，所以心中不痛快的时候，就向身边的亲人倾诉一下，然后将其忘掉，重新开始。

享受生命中的欢乐。人生需要拥有享受的精神，只有不断追求享受，我们才会有生命的动力。每当生活中有欢乐的事情，我们就好好地享受一番，然后把快乐的记忆积攒起来。这样快乐越积越多，你的心态就会越来越好，脸上自然也就能浮现出微笑。

生活在发展，科技在进步，人们对社交的需求也越来越高，人们总是在想方设法让自己变得左右逢源，但是很多时候，竟然忘记了最单纯的微笑沟通，甚至越来越多的人在生活的重压下，难以微笑，这时我们就要好好地去培养心态，让微笑成为我们最好的交际工具。

第二节 "我能行"的力量

自信是一种美好的心态品质。无论面对生活中的任何事情，拥有自信的人总是无所畏惧，因为他们始终坚定一个信念，那就是"我能行"。有了这种力量的支撑，面对困难的时候，他就会充满战胜它的勇气。事实上，生活中没有不可逾越的鸿沟，任何事情都是自信与退缩的较量。如果你不够自信，生活就会一举将你击败。

综观古今成功人士，我们会发现这样一个现象，他们原本并非什么神奇的人物，也并非有特别高的天分，只是他们拥有坚强的自信，敢于尝试新鲜的事物，之后不断学习进步，最终取得成功。

19世纪末的一天，一场演出正在伦敦的一个游戏场中举行着。刚开始演出很顺利，可不知什么原因，演出进行到一半的时候，台上的演员突然失声，这时观众席上一阵喧嚣。大家觉得有种上当受骗的感觉，于是纷纷吵嚷着要退票。鉴于这种情况，剧场老板只好赶紧找人救场，可是他整整找了一圈，也没发现谁能来充当这个拯救者。就在他急得抓耳挠腮的时候，一个5岁的小男孩站了起来，非常有信心地说："老板，你让我试试行吗？"老板看见这个孩子虽然很小，但是眼神中却充满了坚定的自信，于是答应了他的请求。

小男孩走上舞台，又唱又跳，引得观众们爆笑不断。有观众不停地将钱币扔到舞台上。这下小男孩更来了精神，表演得更加出色了，一连唱了好几首歌曲。

时间又过了几年，伦敦的剧场迎来了法国著名的丑角明星马塞林。他在儿童剧团给人们进行精彩的表演。当时，因为演出的需要，马塞林需要一个助手来演一只猫，但是跟这样著名的人物同台演出让很多人感到有压力，不敢轻易尝试。这时，当年那个5岁的小男孩再次满怀信心地站了出来，表示自己想要尝试一下。大家都担心他会演不好，可谁知道他们配合得竟格外默契。终于小男孩凭借自信和勇气找到了自己的人生舞台。没错，这个小孩就是世界著名的幽默大师卓别林先生。他的自信让他享誉全世界。

生活中，很多人都怀揣梦想，渴望自己有朝一日成为耀眼的明星或者是在某个领域取得一定的成就。然而当机会摆在他们面前的时候，他们却

犹豫不决，缺乏"我能行"的勇气，从而与机会失之交臂，造成终生的遗憾。事实上，一个人的成就大小在很大程度上取决于他有多大的自信心。如果你对自己的能力不自信，终将无法成就伟大的事业。

自信不仅在人生事业上有着极为重要的作用，在情感方面也极为重要。很多人对自己的幸福不够自信，永远觉得幸福是别人的，自己不敢奢求。其实幸运之神可以降临在每一个人的头上，关键要看你是否用勇气去迎接它。缺乏自信心的人往往没有追求的精神，生命力也会减弱。相反，每天早上醒来告诉自己"我能行"的人，他们的生活处处是阳光，幸福触手可及。

有一个女孩，样貌平平，这让她没有一点儿自信。每当跟其他漂亮女孩待在一起时，她就觉得自己是一只丑小鸭。渐渐地，她的性格越来越内向，几乎不敢跟漂亮、帅气的人接触。就连找工作时，竞争对手长相好看，她也会知难而退。

最近她住的小区新搬来一个男孩，他们同一个楼道，几乎每天都会相遇。于是女孩默默地喜欢上了这个男孩。可是她觉得自己太卑微了，不敢表露一丝喜欢的痕迹。每次见面，他们四目相对的时候，她都羞涩地低下头了。

女孩的感情已经到了无可救药的地步，她每天上下班时都在楼下磨蹭一会儿，好看上一眼这个男孩。男孩工作的地方离她两站地的距离，她宁愿提前下车，然后等着男孩再一起坐车回家。时间久了，男孩似乎也感受到了女孩的存在，女孩也从男孩的眼神中读出了一种莫名的感觉。

女孩把这件事情告诉了自己的闺密，朋友鼓励她要争取自己的幸福。她也害怕有一天自己还没来得及争取，男孩就会牵着女朋友出现在她的面前。于是那天，她第一次跟男孩打了招呼，男孩冲她笑着，让她心里乐开花。她没想自己第一次主动的尝试居然这么美好。于是暗自在心中鼓励自己："我能行。"凭借着这种力量，她每天都和男孩打招呼、聊天，终于有一天，她向男孩告白，成功地成为他的女朋友。

自信是一种美好的品质，它甚至比金钱、权力、家庭背景都要重要。只要拥有自信，人们就可以获得巨大的力量，从而敢于面对生活中的任何困难，最终获得金钱和权力等条件。因此我们应该不断地鼓励自己，给自己树立起强大的信心，告诫自己"天生我材必有用"，人的生命中一定是有一种力量支持我们前行。有了这种意识以后，我们的生命才会焕发出强大的力量。只要你拥有如此好的心态，你的言语中才能充满魅力。

第三节　当众讲话不可怕

交际场中不乏这样的人，他们在私底下侃侃而谈，是一个极为活跃的人物，但是当他面对很多听众，身处一个公开的场合时，他们就变得羞涩内敛，要么沉默不语，要么表达起来语无伦次，完全没有了平日里的轻松之态。事实上，这是一个非常自然的现象。生活中的大多数人都害怕当众讲话，有的人怕出丑，有的人则是莫名的恐惧。

放眼我们的四周，很多朋友、家人都有过非常紧张、恐惧的经历，面对一群人说话，大脑一片空白，说话颠三倒四。之所以会出现这种状况，并不是源于他们不会讲话，只是不习惯而已。有人天生就能够在众人面前从容不迫，说起话来滔滔不绝。任何一个人只要不断地去练习，然后培养起自信、勇敢的心理状态，能够做到落落大方地当众讲话，并且觉得当众讲话并不可怕。

爱德华·威格恩是一位著名的演说家。他做的演讲总是十分精彩。或许人们会觉得他天生就有一个演说家的自信和勇气，事实上并非如此。上中学的时候，他很害怕当着众人的面说话，也非常恐惧上台演讲。

一次他有一场演讲，精心准备了很长时间，希望能够取得好的反响。等到演讲的那一天，他感到非常紧张，在说完开场词"亚当与杰弗逊已经过世"之后，大脑一片空白，不知道之后的内容是什么了，只好一次又一次地不断重复这一句开场词。就这样，他原本以为会非常精彩的演讲失败了，观众们抱以哄堂大笑，他感到难堪极了。

这一次的失败并没有击倒爱德华·威格恩。之后的日子里，他不断地鼓励自己，不断地进行尝试，终于敢于面对大众说出自己心中的话。一次，他要做一场关于健全币制问题的演说。刚开始的时候，他想到了以往失败的经历，于是变得紧张起来，甚至有那么一刻他感觉自己都快要窒息了。然而他在心中默默地鼓励自己，勉强坚持了下去。当他讲完绪论以后，观众们的反响十分热烈，这一点小小的成功使他更有勇气讲完后面的部分，终于这次演讲取得了极大的成功。

从那以后，他就以这次成功不断地鼓励自己，不断地去习惯当众说话，终于克服了恐惧的心理，成为一名杰出的演说家。

每一个人最初生活的圈子都很小，身边都是自己的家人和朋友，之后上学又有了同学之间的交流，尽管如此，那种交流也只是限于几个人之间，于是我们就养成了在小圈中说话沟通的习惯。等到再大一些，面对更广泛的学习和工作，我们就开始走进更大的圈子中，经常需要在众人面前讲话说话，这时恐惧和紧张就来了。

一个人如果想成为交际高手就必须有面对一切状况游刃有余的能力，说话办事不紧张、不怯场，这样才会赢得人们更多的信任。事实上，当众讲话并不是一件可怕的事情，只要你克服了这一心理上的障碍，那么你的心态就会更加良好，更能赢得别人的喜欢。那具体来说，我们应该怎样去做呢？

准备好充足的题材。当你即将参加一个公共场合，那你就要做好一切该有的功课。首先你要明白自己应该说什么，什么内容可以更加彰显出自己的内涵，更能让听众们信服。选好题材以后，围绕主题准备相关的知识，不断挖掘更加深层次的内容，努力做到心中有数。这样一来，你就不会惧怕任何问题，充足的知识储备会让你充满自信，无所畏惧。

杜绝不良想法。很多人当众说话的时候很害怕，于是就会设想状况百出的情景，然后在心中盘算应对之策。表面上看这样的做法无可厚非，但实际上，它对你的自信具有超强的杀伤力。还没等你说话，就已经被自己的设想吓死了。因此在你说话之前，不要将过多的注意力都集中在自己的身上，而是要多看看听众，转移自己的注意力。

调整自己的心态。当众讲话之前，大多数人的心理都是紧张的，如果这种紧张的情绪得不到及时的调整或排遣，很容易就会带到沟通中去，从而影响自己的表达，更加重紧张。如果这样，别人就会认为你是一个心理素质非常差的人，对你的信赖感就会大打折扣。因此当紧张情绪出现的时候，要想法设法让自己平静下来，然后再进入与人的交流之中。

不断鼓励自己。很多人说话之前，对自己的观点会产生怀疑，不知道这样的观点能否得到别人的认同，甚至不知道对错，于是说话的自信减弱，影响了最终的效果，不能深得人心。当怀疑心理出现的时候，我们要不断地鼓励自己，坚信自己的思想，有了自信之后，恐惧自然而然就会消失。

不要太顾及面子。人们恐惧当众说话最主要的一个原因就是害怕出丑，伤到了自己的面子。有了瞻前顾后的想法，我们就不能毫无压力地去说话，进而使沟通出现障碍。真正地变成了出丑。其实，很多情况下，人们害怕会有一定的心理暗示，于是你老是怕丢脸，最终可能真的会丢脸。相反则会取得较大的成功。

轻视一切结果。有些人太过看重结果，所以在说话之前就给了自己沉重的心理负担。事实上，我们当众讲话，就是培养自己的勇气，建立起一个良好的心理状态。只要我们勇敢地迈出了沟通的步伐，就战胜了自己，取得了成果。至于结果好也罢、坏也罢，下次都要更加努力，总结经验，吸取教训，从而使自己越来越好。

当众说话并不可怕，如果你想要自己变成一个高情商的人，能跟任何人都聊得来，就要不断尝试这些技巧，正确认识自己的紧张心理，给自己勇气从而消除内心的恐惧，在公共场合如鱼得水。

第四节　嫉妒是痛苦的根源

如今社会上流传一句非常时髦的话："羡慕、嫉妒、恨"，以此来调侃自己的羡慕之情。在交际场上，我们接触到形形色色的人，其中不乏优秀之人。他们要么工作能力强，要么家庭条件好，要么长相漂亮，要么拥有好人缘。于是，我们就会情不自禁地去与这些过人之处比较，最后发现，人家有的我们并没有，于是心中渐渐产生不满、埋怨，最后演变成一种嫉妒的情绪。

嫉妒是一种负面情绪，是一种卑劣的心理状态。喜欢嫉妒的人总是想方设法跟别人攀比，这种盲目的比较让他们愤怒，生怕别人会比自己强太多。于是看到别人获得成就的时候，他们首先感到的就是生气，恨别人有本事，从来不会从落后中检讨自己，发现自己的不足之处。有时候，嫉妒的心理还会让人失去理智，干出很多卑鄙的事情，甚至做出伤天害理的行为。

美国某地一女子攀比心非常重。每当看到别人有什么比她好的地方，她就嫉妒得发疯。因此她经常跟男朋友抱怨，甚至辱骂那些比她强的人，如果时机成熟，她还会想方设法去陷害那些比她优秀的人。她疯狂的嫉妒心让男朋友害怕，于是几次劝她要放平自己的心态，可完全就是徒劳。

男朋友觉得，长期跟这样一个心态卑劣的人生活在一起，每天感受到的只是无尽的气愤与痛苦。于是在忍无可忍的情况与其提出了分手。女子深爱自己的男朋友，于是百般挽留，可是男朋友去意已决，女子只能勉强同意。

分手之后的日子，虽然女子很痛苦，但是她还能比较理智地面对这一段失败的感情。可是随着时间的推移，前男友已经选择了重新开始生活，结交了新的女朋友，而女子仍旧单身一人。她每天看着前男友对另外一个女人呵护有加，心中就不是滋味，甚至怒火中烧。因为积累在心中的情绪无法宣泄，女子的情绪越来越差，她对前男友现在的生活充满了嫉妒，心想："凭什么他又重新享受爱情的甜蜜，只留我一个人孤单？"于是她的这种想法不断地在心中翻腾，最后让她做出一个惊人的决定。

PART 7 说话前一个好的心态很重要

一天她带着一桶汽油到前男友家,然后将汽油倒在门口,用打火机一下点燃了房子。眼看火势越来越大,她也只能仓皇出逃,不幸的是,她的衣服上已经着了火,等她跑出房子的时候身体已经烧伤,而他的前男友以及前男友的几个邻居因为火势太猛没有得到及时的救援而葬身火海。

嫉妒心理让女子做出疯狂的行为,不仅残害了别人的性命,同时也断送了自己的一生,等待她的将是最严厉的法律制裁。

由此可见,嫉妒不仅是痛苦的根源,更是一种非常不幸的情绪。如果它在人们心中得不到遏制,就会不断蔓延,并且一发不可收拾,从而步入错误的不归路。卢梭曾经对人性做出深刻的分析,他指出:"人除了希望自己幸福之外,还喜欢看到别人不幸。"他一句话道破了人性的弱点,同时也让人们看到,嫉妒也是人类最普遍的、最根深蒂固的一种情感。事实上,嫉妒主要来自私心。如果一个人小肚鸡肠,处处只想到自己的利益,那么他就会非常善妒,因为世界上每个人付出的努力不同,得到的自然也不会对等。而如果一个真正无私的人,他能综合多个方面去考虑问题,比较自己的得失,并且善于发现自己的优势,那么他就不会去嫉妒别人,甚至还能为别人的成就而欢欣鼓舞,并以此来勉励自己,从而培养出良好的心态。

交际场上,嫉妒是很容易出现的,有时甚至一句话就可能招来别人的嫉妒之情。如果你想要跟任何人建立起友好相处的关系,那么就要避免相互之间心生嫉妒,做到不引人嫉妒也不嫉妒别人。那具体该如何去杜绝嫉妒呢?

淡化自己的优势。很多人爱慕虚荣,一旦取得一丁点成就就大肆宣扬,唯恐别人不知。这样很容易就遭到他人的嫉妒和厌恶。因此当你获得成功的时候,要注意突出自己的劣势,从而减轻善妒者的心理压力,重新寻找一种心理平衡,进而淡化对你的羡慕之情。很多时候,故意展示自己的不足之处对自己的成功更为有利。

学做一个善于倾听的人。很多时候人们之所以会招致别人的嫉妒和厌恶,主要的原因就在于没有赢得别人足够的好感。如果你学会做一个善于倾听的人，成为一个好的听众，不漏掉对方的任何一点重要信息，让对方觉得你时刻在倾听他说话，这样就会极大地争取到人们的信赖与好感，从而不会招来嫉妒。

沟通时注意措辞。跟别人谈论另外一个群体的时候，尽量少说"我们"之类的词语，这会让对方感到明显的排他性，尤其是当"我们"取得一定成就的时候，很容易让别人对"我们"中的成员产生嫉妒心理。与他人交流时要多用"您""你们"之类的称呼，将谈话的重点放在对方的身上，这样就可以有效避免"引火烧身"。

加强自身修养。我们不能轻易让他人嫉妒自己，也不能轻易地去嫉妒别人。嫉妒心理主要源于虚荣心。因此我们要不断加强思想教育，修身养性，努力克服爱慕虚荣的心理，将自己培养成一个具有高尚情怀的人，把他人的成功当成自己前进的动力和榜样，树立正确的价值观，淡化心中的嫉妒。

只要你成功地克服了嫉妒的心理，你就会跟任何人都能坦然相处，以良好的心态与面对他人的成功，并且从中获得对自己有利的经验，逐渐摆脱狭隘和痛苦，成为一个高情商的人。

PART 7 说话前一个好的心态很重要

第五节 拥有宽容方能博爱

法国作家雨果曾经有一句至理名言:"世界上最宽阔的是海洋,比海洋宽阔的是天空,比天空宽阔的是人的胸怀。"宽容就是一种胸怀,是一种良好的心态。

如今社会复杂纷扰,尔虞我诈,我们每一个人都面临着巨大的挑战,甚至很多人还遭受到恶意的攻击。这时,就对我们的胸怀提出了巨大的考验。事实上,想要成为一个博爱的人,培养起一个良好的心态,就必须要学会宽容和忍让。只有大肚能容天下难容之事,才能笑口常开。

很多时候宽容看似只是我们自己的事情,事实上却对他人对社会有着非常大的影响。一次宽容就会打开一扇爱的大门,当你成为一个博爱的人,你的精神就会感染别人,让他人也朝着有爱的方向发展。

陶行知先生是我国伟大的教育家。他很早就就将民主和宽容的思想融入到教育实践中,用爱去教育孩子,并且取得了非常有效的成果。

陶行知先生当校长的时候,一次他走在校园中,正好看见一位男生手持砖头跟另外的同学打架。于是他赶紧将其制止,并且要求他马上到校长的办公室去。当陶行知先生回到办公室的时候,那个打人的男孩已经先到了,一直在那里等待着。陶行知先生马上掏出一块糖,送给了这个同学,并且说:"这块糖是奖励给你的,因为你时间观念很强,比我先来到办公室。"很快,他又从衣服里掏出第二块糖,说道:"这一块也是奖励给你的。我在你正愤怒的时候让你住手。你马上就停了下来,我看到了你对我的尊重。"听到这话的时候,男孩脸上闪现出一丝疑惑的神情,并且接过了那块糖。接着,陶行知先生掏出了第三块糖,说道:"这块糖还是奖励给你的。我已经跟同学们了解了情况,你是因为看不惯那位男同学欺负女生才出手打人的,你的正义感让人钦佩。"这时,男孩再也抑制不住眼中的泪水,懊悔地说道:"校长,我知道错了,以后我再也不这样做了,即使同学犯错了也不应该打他。"男孩原本以为校长会严厉地批评他,没想到校长竟然如此宽容,这让他深受感动。看到男孩已经认识到了错误,陶行知先生掏出了第四块糖:

情商高就是 *说话办事* 让人舒服

"既然你已经认识到了自己的错误,我就再奖励你一块糖。现在我的糖已经都发给你了,我们这次的谈话也到此结束了。"

陶行知先生用宽容的态度展现出了教育者的智慧与魅力,充分展现出一个老师对学生的关爱。试想,如果陶行知先生把这位同学叫到办公室狠狠地批评一顿,打人的同学也许会感到心中委屈,心中的愤怒蒙蔽了他的思想,或许根本意识不到自己的错误。所以宽容是一种非常精妙的处世之道。它能给人们带来无限的智慧。

宽容是一种美好的心态,也是对自己的友善。有人惹我们生气,伤害到我们的感情,我们因此而憎恶他,这样那些不愉快的事情就会一直存在我们记忆之中,不断侵扰着内心的安宁。因为怨恨也需要感情。我们的内心充满愤怒的时候,也就是等于给了对方取胜的法宝,它会影响我们的身体健康,影响我们的幸福快乐,如果这种情况让对方知道,他们一定会感到快乐,因为他们不费吹灰之力就可以让我们变得苦恼不堪。

老王和老李是一对邻居,他们曾经因为一点小事情而发生了争执。两个人互相怨恨了好长一段时间。后来老王觉得,邻居之间没有什么不可原谅的事情,于是就主动去与老李言和。老李虽然表明上答应不再计较,但是心中的怨恨并没有消除,甚至仇恨还与日俱增。他怨恨老王,希望他倒霉,希望他生活得越来越不幸福。只要看见老王高兴,他就暗暗生气。尤其是看见老王笑着跟他打招呼的时候,他心中的怒火更是不打一处来,心中诅咒他房子着火,出门被雷劈。

就这样,老李每天活在仇恨之中,身体每况愈下,总感觉胸口上堵着一个巨大的石块。而老王早已忘记了那件曾经不愉快的往事,每天生活得开开心心。

一天,邻居老王来看望他。老李觉得自己就要死了,于是告诉老王,其实自己一直活在怨恨之中,对那件不愉快的事情耿耿于怀。现在他快要死了,也不想去计较什么了。可是说来也怪,自从他真正地放下仇恨之后,他的身体顿时舒服了很多,他感觉自己一下子也开心了,就这样,身体竟然奇迹般地慢慢好转了。老李这才顿悟,对别人的仇恨就是对自己的折磨。

因此，在社交场上，我们无论受到怎样的待遇，都不应该想着去报复别人，因为我们那样做，伤害的不是对方而是自己。所以我们不应该把宝贵的精力浪费在不必要的事情上，而应该保持一种宽容的心态。只有你展现出博爱、洒脱的一面，别人才愿意与你为伍，而你说的每一句话才会让人听了舒服，因为真诚友善的语言最动听。

PART 8

面对不同的人要说不同的话

第一节　看清对方的身份再说话

在日常交际中，每一个人都渴望得到别人认同，于是交际高手往往会抓住这一心理特征，见什么人说什么话，尽量满足对方的心理需求，从而赢得对方的好感。这是一个非常有效的说话办事方法。因为人与人之间，接受的教育、社会阅历、工作经验、价值取向等各个方面都有差异，所以在没有弄清对方身份的情况下就与之交谈，很容易就会出现沟通上的障碍，从而使交流效果大打折扣。

> 刘丽经营着一家广告公司。年初，她与电视台建立起了项目合作，每天会给电视台提供四十分钟的美食栏目。为了能够更加出色地完成合作，公司便与另一个公司联手做这项工作。新的合伙人工作能力非常强，但是性格上与刘丽有很大的不同，经常因为一点小事产生矛盾。之后关系越来越僵，最后不再合作了，栏目进度也受到了很大的影响。
>
> 之所以事情会发展成这样的结果，主要还与双方的沟通有着很大的关系。刘丽是一个心直口快的人，说话时很少会考虑到对方，不论对任何人都是一样的语气、语调。一天，刘丽与合伙人在商量一个方案，二人在一个问题上产生了分歧，争执越来越激烈，于是刘丽脱口而出："如果谈不拢就只能散伙了。"这句话让人很受打击，尤其对于合伙人来说，这句话的伤害要更加厉害，因为他前几年刚离婚，所以对"散伙"一个词非常敏感。刘丽无意间的一句话戳伤了对方的痛处，于是对她更加反感。

刘丽没有对合伙人进行深入的了解，不知道人家能够接受怎样的语言，什么样的说话方式，最终给自己的公司造成较大的利益损失。因此我们在与人说话的时候，一定要先弄明白对方的个性和语言禁忌。如果对方喜欢直率的人，那么与其说话时就要直白一些；如果对方喜欢委婉一些，那说话时就要含蓄内敛一些；如果对方是一个具有高深学问的人，与其说话就要文雅一些；如果对方比较粗浅，那么说话就要通俗易懂一些。只有说话方式与听者的个性特征相符合，对方才会跟你产生一拍即合的亲近感。否则，只会让人觉得与你相处总有格格不入的感觉，从而无法深入地交流。

如今社会复杂多变，职场上的竞争更是日趋激烈。如果你是一个产品销售员，面对消费者的时候，如果你一直用专业的术语去讲解产品，很多人就会一头雾水，不明白这个产品到底能干什么，从而没有购买的欲望；如果你是一个管理者，跟下属说话的时候，经常用一些模糊不清的词，下属不明白是什么意思，可能就会领会错精神，不仅做无用功，甚至还耽误工作。

某人刚刚入职一个新公司，老板给大家讲话。结束的时候，老板告诉员工："明天上班都把你们吃饭的家伙带来，我们一早开个会。"其中一个员工深深地记住了这句话，晚上回家就做好了准备。第二天一早，他赶车去上班，可是因为路途远，等他到公司的时候，就已经快要迟到了，于是他急匆匆地向会议室跑去，等他推开门的那一瞬间，会议室的人全愣住了，大家每个人面前都摆好了一个笔记本电脑，只有他手中拿着一个吃饭的大碗。

当然这只是一个笑话，但是它却能够提醒管理者，作为上司，如果你的员工悟性不是很高，你就必须要把话说得清楚一些，否则阴差阳错就会对工作造成很大的影响。无独有偶，这种不弄清对方接受能力就说话的沟通方式还闹出了很多笑话。

在某个幼儿园，老师为了培养孩子们的爱心，希望他们每人带一条小鱼在教室里养起来，更好地感受生活的情趣。老师没有考虑到孩子们的表达能力还不是很好，只是告诉她们带鱼到学校。结果第二天，小朋友们很多都带了小鱼来，有的孩子带来超大的鲤鱼。

这两个故事虽说是笑话，但是都鲜明地表达了面对不同的人需要考虑对方的接受能力。如果不看清对方的身份再说话，很可能就会造成不必要的沟通问题。总之，在说话办事的时候，我们要懂得灵活变化，面对不同类型的人就要变换自己说话的风格，以让对方听明白为原则，这样就会减少很多误解，避免很多沟通障碍，使交流更加顺畅。

第二节　眼睛是心灵的窗户

通常情况下，社交高手都是识人高手。一个人想要让自己说出的话别人听了舒服，就必须要了解对方的性格特点，明白其喜欢听什么话，愿意接受什么话，然后再与其进行交流。这样一来，双方的交谈很自然就能进入一个顺畅、舒适的状态中。于是如何识人辨人就成了社交场上人们争相掌握的法宝。

人们常说，眼睛是心灵的窗户，一般人心中所有的情绪几乎都能从眼睛中反映出来。尤其在现代社会，人们视时间如生命。我们不可能耗费太长的时间了解和熟悉一个人，然后再决定以哪种方式与其相处，尤其是很多需要立竿见影的场合，更需要我们果断制定快速的沟通方法。因此学会体味别人的眼神尤为重要。

小陈大学毕业以后进入一家外企上班，于是结识了同事小杨。小杨是一个性格开朗的女孩，爱说爱笑，为人和善，因此得到很多男同事的爱慕。可是，每当男孩子向她表白，她马上就会拒绝，甚至从此不愿与其来往，即使这个男孩之前与她很聊得来，她也对其颇有好感。同事们都把这种情况解读为小杨的眼光特别高，根本看不上任何人。

可是，小陈觉得小杨并不是那样的人。后来他发现了一个大秘密，那就是每当办公室同事聊天，说到主动追求女孩或者是离婚、背叛之类的话题时，爱说话的小杨总是沉默不语，眼神中流露出一种愤怒，甚至是一种可怕的憎恨。他不知道小杨为什么会有这样的眼神，都说眼睛是心灵的窗户，那么她的心中一定藏着痛苦的往事。看着身边的男同事一个个被拒绝，小陈只好将心中的那份喜欢守护起来，选择默默地陪伴在她的身边。

一次偶然的机会，小陈认识了小杨的一个同乡，无意间听到了小杨的秘密。原来小杨是在单亲家庭中长大的。她爸爸当年主动追求她的妈妈，可是她出生之后，她的爸爸就抛弃了她们母女，跟着别人走了。为此在这些年的教育中，妈妈一再告诉她："主动追求你的男人靠不住，他追求你也会追求别人。"于是小杨将这句话作为一个信条遵守着。每当男孩主动表白，她就觉得他是一个非常轻浮的人。

得知这个秘密以后，小陈只能默默守着小杨，用实际行动打动她。终于她主动向小陈表白，两人走在一起。为此小陈非常庆幸，幸亏自己读懂了小杨的眼神，否则一段美好的姻缘就被耽误了。

从这个故事中可以看出，读懂他人的眼神十分重要。无论是在爱情还是职场中，它都是一个促进成功的有效手段。眼睛是心灵的外现，与人交往的时候，只要掌握好对方的眼神，那你就如同看到了他的内心，所谓知己知彼，百战不殆，交际战役中，你一定能够如鱼得水，成为高手。那么面对他人不同的眼神时，交际高手该如何处理呢？

眼神平静，脸上洋溢着微笑，表明这个人心中对自己目前的状况非常满意。这时，你大可以说一些让他开心的话，如果你有求于他，你大可以说出来，也许这时，他答应的概率会高出很多倍。

眼神凝滞，脸色暗淡无光，表明这个人心中充满悲伤和惊恐。他虽然在积极地想要脱离现状，但是却无能为力。如果这时，你能够给他提出一些可行性的建议，他一定会愿意采纳。然而如果你没有好的办法，那就不必多嘴，否则容易引起别人的厌恶。

眼神坚定，沉着冷静，表明这个人对你所说的事情早已心中有数，甚至有十足的把握。这时，你可以向他表明自己心中的疑惑，他很快就会为你解答。即使他没有明确说出来，也会在之后的时间里办好的。

眼神涣散，脸上充满急躁的表情，表明这个人正经历一件自己也无可奈何的急事。这时，你有事情向他请教，简直是徒劳。他根本没有精力去理会你，或许听到你的请求还会感到心烦，更加重他的焦急，反而使你的形象大打折扣。

眼神飘移不定，脸上表现出不安定的神情，表明这个人对你说的话已经失去了兴趣。这时，你应该适可而止，或者将话题转移到别的地方，这样才能继续相处下去。

眼神狰狞，给人一种恶狠狠的感觉，表面这个人心中正压抑着极大的愤怒。这时，与其交往要格外小心，说话办事都要谨慎一些，以免触发到他忍耐的极限，从而将心中的愤怒爆发出来。如果你有什么要求，最好不要在这个时候提出，以免他直接拒绝，失去考虑的机会。

眼神冷漠，无精打采，表明这个人是一个比较冷漠的人。这时，你的要求可以暂时不要说出来，应该想办法把对方的情绪调动起来，等他渐渐同你熟络起来之后再进行深入的交谈，提出你的要求，这时相对来说成功的希望更大一些。

眼神颓废，面无喜色，表明这个人心中有大的伤心事。这时，应该试图去理解他的痛苦，不要给他说一些开心的事情，以免相较之下，让他的痛苦更加沉重。同时你也不能说一些与之相似的痛苦的事情，以免他久久沉浸在痛苦之中难以自拔。如果你觉得自己有足够的能力去安慰他，你就多说些劝慰的话，否则就要保持沉默。

眉毛上扬，脸上得意，表明这个人有些傲慢，对你说的话充满不屑。这时，你应该换一种更加高明的表述方式，从而吸引他的兴趣，让对方重视起来，认真听你说话。

总之，不同的眼神表明的内心世界是不同的。在生活中，我们难免会遇到很多需要揣度人心的时候。这时，如果我们已经掌握了从眼神中看人，那么我们办事就会更加顺利，防范到很多对自己不利的事情，更加容易交到朋友。

第三节　看懂别人的身体语言

身体语言同眼神一样，往往能够反映出一个人的内心世界。读心专家就是通过各种身体语言去解读人的内心。虽然，在日常交往中，我们不必非得把自己打造成一个读心专家，但是掌握一定的身体语言，对人际交往却是至关重要的。

身体语言往往能够传递出比语言表述更多的想法。人们说话时，往往会因为谈话的场合和听者的身份而限制自己的语言，为了给他们留下好印象，甚至有时还会把自己内心真实的想法隐藏起来，言不由衷。然而身体语言不同，它往往是内心世界最直观的体现，是人们下意识的表现，很多时候并不是人为能控制的。因此身体语言往往会被引用到案件侦破中。而很多想要成为交际高手的人也在利用着这门无声的交际艺术。

小舒刚刚入职一家广告公司。因为公司规模很小且最近接了很多单生意，而人手方面一时间又达不到标准，所以同事们的任务量都非常大。即使这样，很多活儿也没有人干，不得已的时候，经理就会抓几个壮丁来加班。

同事们本就已经很累了，所以即使给很高的加班费谁也不愿意加班。然而小舒发现，每次经理走进办公室，同事们的反应都是不一样的。有时候，他们会认认真真地听经理说话，有时候会故意装出一副十分忙碌的样子。这让小舒感到十分不解。因为她是新人，最近的加班任务总是会落在她的头上，最开始的时候，她没有什么感觉。但是之后，她越想不对劲，为什么经理每次随机抽取的时候都能抽到她呢。

随着相处的时间变长，跟她要好的同事就告诉他一个秘密，那就是每当经理要"抓壮丁"的时候，他都会咳嗽一声，但是正常布置任务就是不会这样。这是经理的一种身体语言，可能他自己都没有意识到。

掌握了这个窍门以后，小舒也学会了偷闲。每当经理咳嗽一声走进来的时候，她就做出一副十分忙碌的样子，从而躲过了百分之百加班的命运。

从这个故事中可以看出，经理通过身体语言已经把自己内心的想法泄

露了出去。经理知道让员工加班，大家都不太情愿，所以心中有些不好意思，总要咳嗽一声给自己鼓一下勇气。事实上，用身体语言表达自己是人的一种能力，通过身体语言去了解别人也是一种能力。它是可以通过后天学习和培养的。那么人的身体语言有哪些呢？心理学家或许能告诉你一些人体的小秘密，帮助你成为一个交际达人。

手是身体语言主要表达部位之一。当一个人双手紧握通常能够看出内心的紧张，而双手张开，则能体现出一个人的真诚；当双手摩擦的时候，表面对方对某一件事情抱有非常高的期望或者是对某件事情拥有十足的把握。当然，这只是在正常情况下的理解，天冷、疼痛的搓手则无法代表内心的活动。当双手指尖相对，表明对自己所说的话具有非常高的自信，几乎已经到了十拿九稳的地步，但是手指不仅相对，还不停地变换双手手指交叉的样子，这就表明对方正在思考斟酌，好让自己保持一个相对轻松的状态。

腿脚也是身体语言的主要表达部分之一。腿脚放松表明一个人的心态是放松的，他对身边环境或者是人没有很高的戒备心理；脚尖的方向往往能够表明一个人是否想要离开。当一个人不断地将脚尖转向别处，就表明他对你的谈话已经失去了兴趣，随时都想要离开。当一个人的脚尖朝着其他的方向转过去，然后又转回来，如此反复，表明对方虽然很想跟你交流，但是确实有什么不得已的原因需要离开；通常情况下，腿脚分开而立可以看出一个人的态度比较强硬，如果一开始对方的腿脚是并着的，逐渐变成了打开的状态，那就表明他对你的言论并不认同，甚至越来越感到不满意，你大可改变话题，停止现在的言论；把脚搭在另一条腿的膝盖上一方面可以表明对方内心感到非常轻松，另一方面可以表现出对方是一个非常自信、好胜的人；抖腿表明对方的心里非常不安，有些甚至会有一些恼怒的感觉。

耸肩通常表明一个人的无可奈何，自己没有办法去完成一件事情，或者他根本就不明白你说的意思，这时如果是后者，你或许可以把话说得更清楚一些。

总之，不同的身体语言能够彰显出内心的情绪变化。有时身体语言的力量要比话语的表达力更强，因此掌握好身体语言也是一种与人沟通的技巧。当然，只是凭借一个动作定结论是很容易就理解错误的。通常情况下，我们通过身体语言去判断一个人的内心，要遵循以下几个方面的原则：

首先，注重身体语言的同时还要看重话语。身体语言只是了解对方内心的方法，并不是唯一准确的途径，它需要与话语相结合去理解一个人的内心，这样才能使判断更加准确。

其次，要把人的身体动作连贯起来，然后结合当时的环境或者是人物背景去理解。很多人在理解身体语言的时候，经常忘记了各个动作的关联性，仅凭借一个动作就去判断人的内心，这样的结果或许就会是片面甚至错误的，影响大局。因此在运用身体语言的时候，要把一个人所有的动作都连起来，然后再进行综合性的分析。

最后，注重观察习惯性的动作。人在不同环境下往往会做出不同于平常的动作，这一动作也许并不符合他当时的内心活动。当我们想要了解一个人的时候，就要注重他习惯性的动作，这才是其内心最真实的体现。

第四节　培养不同的说话方式

有学者认为，说话方式极大地影响着一个人受他人欢迎的程度。事实也的确如此。在社交场合中，有的人左右逢源，每个人都喜欢跟他说话；有的人沉默寡言，与别人交流也只是限于打招呼而已或者只是跟一类人比较聊得来。之所以会出现这种情况，最主要的原因就在于说话方式。

有的人惯用一种说话方式，无论面对的人是谁，始终坚持自我。这样一来，有些人就会觉得无趣或者是跟自己的性格特点有出入，从而不愿意进行更为深入的交往。有的人深深明白说话方式的重要性，于是面对不同的人时就会变换不同的说话方式，让每一个人都感觉到与其交流是一件舒服的事情。

小丽新找到一份工作，就是到百货公司卖化妆护肤品。为了能够很好地适应这份工作，她还专门找以前从事过这方面工作的朋友学习了一下。朋友告诉她首先要尊重顾客，嘴甜一点，然后夸奖她的皮肤好、长相好之类的话，紧接着就把适合她的化妆品推荐给对方。小丽牢牢地记住了这几条，可是没想到的是，这些销售经验对她来说好像完全没有用途，用她的话来说，她遇到了各种各样的"奇葩"。情景大概就是这样的：

"姐，你想要什么产品，我给你推荐一下？"
"姐？我有那么老吗？"说完扬长而去。

"姐，你想要什么产品，我给你推荐一下？"
"我想要一款祛痘产品。"
"你的皮肤不错，这一款就比较适合你。"
"我买的是祛痘产品，你还说我皮肤不错，刚才我听你和别人也是这样说的，看来这款产品未必适合我。"

"你好，需要什么产品，我帮您推荐！"

"普通护肤产品就行，我看这款就不错。"

"哦，这款价格相对高一些，这边有一款正好在打折，您要不要试试呢？"

"你看我买不起是吗？"

"不是的，我是说那一款既好用又实惠。"

"算了，还不是你看我的穿着普通？"

小丽的这几单生意都没有谈成。她不知道为什么会有这样的结果。她原本以为女人之间应该是最好交流的，没想到自己却陷入到一个交流难的尴尬境地。事实上，之所以小丽会失败，主要原因就在于她不懂得变通，不论面对怎样的顾客都使用一样的说话方式，结果有人喜欢听，有人却觉得不真诚，从而导致分歧和误会的产生。

一般来说，人们的学识、性格、年龄不同，他们喜好的说话方式也不同，高情商的人总能找到最恰当的方式说话。

从学识方面来说，当你遇到一些知识浅薄的人时，说话方式要直接明了。使他毫不费力就能明白你的意思，从而愿意继续进行沟通，不会觉得你有卖弄的嫌疑；当你遇到一些研究学问的人，说话要更加严谨一些，不能说一些低劣的笑话，以免让对方感觉你是一个肤浅的人，从而不屑与你交流。同时，你说话方式还要灵活一些，以免一些喜欢咬文嚼字的人曲解意思，形成不必要的误会。

从年龄方面来说，与年轻人交谈时，语气可以轻松活泼一些，以免让对方觉得你太过于沉闷，不喜欢与你交谈。中年人相对来说，性格比较成熟，说话更严谨，如果你的说话方式太随便，就容易让人产生不信任感，不愿与你做太深入的交流。老年人渴望得到别人的尊重，与其交谈的时候，说话方式要严肃礼貌，避免用玩笑的方式去描述一件事情。

从性格方面来说，跟严肃的人说话，表达方式要认真严谨一些；跟幽默的人说话，表达方式要轻松诙谐一些；跟性格直率的人说话，要尽量直接，避免拐弯抹角，让人感到厌烦；跟情感细腻的人说话，要委婉含蓄，以免太过直接让对方的心灵受到伤害。这样一来，你就能让各种性格的人都喜欢你，愿意听你说话，不会感到厌烦。

不同的说话方式对人际交往起着很大的作用，所以人们要尽可能地去学习变通的说话方式。但是无论哪种说话方式，最终的目的都是一样的，那就是让人听了心里舒服。因此，我们必须要改掉那些不好的说话方式，例如不良口头语、重复唠叨等。

很多时候，人们知道面对怎样的人该说怎样的话，但是却败在了自己的口头语上。例如你经常用"但是""必须""务必"等一些语气比较强硬的口头语，对方就会觉得你对他的观点不认可，甚至觉得你在交际方面比较强势，从而感到不舒服，不愿与你有太多的交往。而唠叨是很多人的一个通病。当你在他人面前反复唠叨的时候，就会引起别人的反感情绪，即使你说话的方式十分恰当，态度非常礼貌，别人也不愿意买账。生活中有些人已经将唠叨发展成了一门艺术，甚至将其标榜成为对方着想，例如为了怕某人忘记一件事情反复提醒，害怕一个问题发生，围绕其不停地假设等，这样的说话方式或许刚开始能让对方领情，但是次数多了，人家的忍耐也就到了极限，适得其反。

因此，培养好的说话方式，既要行之有效又不能衍生出太多说话的坏毛病，这样才能达到最佳的沟通效果。

第五节　保留信任的余地

人与人相处需要信任，只有在信任的基础上关系才能维持得更长久。然而在交际场上，很多人的交往通常会带有一定的目的性。如果你对对方的信任毫无保留，甚至将自己最隐秘的事情告诉对方。如果有一天，你们的关系受到了利益的考验，或许他就会用你的秘密换取对自己有利的东西，给你造成一定的伤害，因此在与人交往的过程中，说话时要多加考虑，什么事情即使说出来对自己的伤害也不是很大，什么事情说出来会给自己造成较大的打击，从而根据情形选择说与不说，这样不仅能够保护自己不受伤害，同时还能让彼此之间的关系更加简单一点。

琳琳是一个广告公司的职员。她与部门经理正好住在同一个小区。一天，公司领导层开会，几个领导对员工兰兰的工作状态很不满意，商量决定再观察几天，如果没有改进，就要将她辞退掉。

这天下班回家，下起了雨，部门经理看见琳琳在等车，于是就顺路载上了她。一路上，他们闲聊公司里的事情。无意中说到兰兰的时候，部门经理就把想要辞掉她的想法说给了琳琳听。他觉得同事之间应该是可以信任的，琳琳不会主动去把这个秘密说出去。然而没想到的是，第二天一早，办公室都知道了这个消息。兰兰更是怒气冲天，总经理刚一来，她就冲到了他的办公室大闹一通，说自己为公司的发展付出过太多的努力，如今却要被辞退，实在有失公允，也伤了老员工的心。总经理一时间不知道如何是好，为了维护自己的威严，也只好将兰兰辞退了，甚至连观察的机会也没留给她。

另外，总经理还非常生气，觉得这件事情虽然并不是什么关乎公司生死的大事，但是也属于公司的秘密，就这样被轻易地泄露出去了。他觉得这个泄密的人已经不值得再信任，说不定哪天公司更大的秘密还会被泄露出去。于是，他开始追查这件事情，最后部门经理只好勇于承认自己的错误。虽说总经理并没有责罚他，但是对他的信任度却大打折扣，觉得他是一个不知道轻重的人。

这场闹剧之所以会发生，主要是因为部门经理对琳琳的信任没有留余地。他感觉她不会去说这件事情，但没想到的是，琳琳是一个漏风嘴，什

么事情到了她的嘴里都停留不住。由此可见，在日常交往中，我们不能不信任对方，也不能完完全全地去信任。说话时仍旧需要有所保留。

不同的人值得被信任的程度是不同的。有些人虽然心地并不坏，算不上是一个坏人，但是他们因为性格、环境等因素的影响，与人相处时总会有一些偏差，当你面对这种人的时候，说话一定要有所保留，如果你不给自己留余地，很可能就会受到伤害。那么，哪些类型的人我们应该格外注意一些呢？

嘴太快的人。这种人心中藏不住事情，经常得到一个秘密之后不说就会觉得憋得难受，于是逢人就会把这个秘密讲出去，然后嘱咐别人千万别再传出去了。事实上，他对好多人都说了这样的话，这个秘密早就已经不再是秘密了。如果你遇到这样的人，把自己的事情毫无保留地说给他听，那对你来说，就相当于当着众人的面说出了自己的秘密。

喜好承诺的人。有些人说话太满，不管自己的能力大小，只要别人提出要求，他就会全部答应，至于是否能做到就是另外一回事了。如果你与这样的人相处，并且充分信任他，寄予很高的期望，最终可能就会愿望落空，甚至耽误事情的办理，使自己受到伤害。所以面对这样的人，说话时应该有所保留，不必所有的事情都请他帮忙。

嘴太硬的人。交际场上往往有很多这样的人，他们犯了错误之后无论在怎么的环境下都要强词夺理，拼命给自己找各种各样的理由，或者是对自己的错误闭口不提，好像从来都没有发生过这样的事情一样。与这样的人交往时，你的信任要保留几分，以免他对你隐瞒着他的错误，而你却深信不疑，最终受到伤害。

喜欢吹牛的人。有的人渴望得到别人的重视和敬仰，但是自己的能力和实力又达不到，于是就开始自吹自擂，从而来给自己虚张声势。与这样的人相处，如果对他的信任值太高，那么很可能就会被他的表象所蒙骗，给自己造成不利的影响。

情绪急躁的人。有些人心地善良，乐于助人，日常与人相处非常好，

唯一的不足之处就是性情比较急躁。每当遇到事情，他就容易冲动，不计后果地去做事情。面对这种人时，如果你将心中的秘密说给他听，他很容易就会因为一时情急说了出来，或者办出什么意想不到的事情。进而对你造成伤害，或者产生不良的影响。

对任何人都好的人。生活中有很多"老好人"，他们对谁都非常好，无论别人提出的任何要求，他们立马就会答应。在做事情上，没有原则和主见，甚至完全没有底线。面对这种人的时候，你的信任也要有所保留，因为他或许没有办法帮你保守起来。

总之，在与人交往的过程中，当我们要付出信任，说出自己的秘密时，要看看对方是什么样的人，值不值得托付，然后再进行交流，这样才能最大限度地保护自己。

PART 9
让自己的话更具技术含量

第一节　劝解因人而异

与人相处，我们难免会遇到需要规劝他人的时候。劝人也需要技巧。有的人劝说以后，效果非常明显，伤心的人高兴了，颓废的人振作了，劝说者受到人们的感激；有的人劝说之后，完全没有效果，哭泣的人还在那里哭泣，行恶的人继续行恶，劝说者只好无趣地离开；有的人劝说之后，适得其反，原本沉默的人痛哭自己，原本萎靡的人彻底放任自己，劝说者甚至遭到别人的憎恶。之所以会出现这种情况，主要在于劝说者是否会说话，能够打动被劝者的心。

劝说别人是一门艺术，需要人们充分地利用语言的力量。通常来说，高情商的人在劝说别人时，总会因人而异，不同的人采取不同的劝说方法，这样才会取得最佳的劝说效果。

对于理解能力较低的人来说，劝说的话要尽可能地巧妙浅显，这样他就可以渐渐明白其中的道理。如果劝说的话太委婉，他不明白的其中的深意，劝说就毫无效果。

有一个女人爱上一个有妇之夫，每天对其死缠滥打，已经影响到了对方的正常生活。于是邻居们想要劝诫她。一位邻居告诉她破坏别人的家庭是一件非常不道德的事情，感情要在双方都情愿的情况下才能顺利地发展，否则就会遭到他人的唾弃。可是劝说之后，这个女人根本没有听进去，依旧像平时一样去打扰对方的生活。另外一位邻居觉得，道德层面上的东西这个女人根本无法理解，应该对她巧妙地用一种浅显的办法。于是这位邻居告诉她，如果你想追求这个男人，总是去找他根本就行不通。就像人们买东西一样，售货员越是上赶着给你介绍，你的抵触情绪越强烈，越不想买。追人也是一样的道理，你越是老去找人家，人家越反感你，相反，你每天对他不理不睬，专心照顾好自己的情绪，该干什么干什么，或许这样对方才会注意到你。听了这样的劝告，这个女人觉得很受用，于是专心干自己的事情，时间久了，她发现自己并没有那么喜欢那个男人，于是就主动放弃了。

PART 9 让自己的话更具技术含量

对于渴望被肯定的人来说,激将的劝说方法会更奏效一些。当他们面临一些事情不敢前进时,适当地刺激他一下,效果就会意想不到。

张刚高考之后,成绩很不理想,他学习的信心受到了很大的打击,准备放弃学业,开始到社会闯荡。但是父母觉得他还是学习的大好年华,应该继续学习知识充实自己。于是妈妈劝说他复读。妈妈说:"学习对于一个人的未来十分重要,你看看周围的人,不好好学习怎么能有一个好前途呢?""怎么就没有了,你看看好多人都靠着打工起家,慢慢地闯荡出一片天地。"张刚反驳妈妈的话。妈妈又说:"可是你看看他们努力得多辛苦,并且他们还得一边打工一边学习。你现在正是学习的好时候,应该让自己走上更高的世界舞台。"可是不管妈妈怎样劝说,张刚就是不为所动,后来爸爸冲着妈妈说:"你快别劝他了,这些道理他都懂。他之所以不想复读,就是怕自己考不上丢人。依我看不复读也罢,反正他也根本不是读书的料。"听了爸爸的话,张刚立马反驳道:"我怎么就不是学习的料了?"爸爸也不甘示弱,赶紧补充说:"那你还敢不敢复读呢,我看你就是不敢。""谁说不敢,那行,我就复读一年给你看看我到底是不是学习的料。"第二年高考,张刚如愿考上了自己喜欢的大学,爸爸的激将法起到了极大的劝说作用。

对于心肠硬不听劝的人来说,劝说时要找到他的软肋,然后把话说到他的心窝里去,这样他才能被震撼到,认真地去思考劝说的话。

有一女人对待婆婆十分不孝。自己住在宽敞明亮的大房子里面,把婆婆安置在一个破房中,每天吃饭也不让她到大房子中一起吃,只是给她送点馒头和素菜,就连逢年过节也是如此。女人每天把饭菜送到婆婆家以后,就倒在她床头的大碗中,生怕弄脏了自己家的碗。街坊邻居知道这种情况,都劝说她要善待老人,但是任凭谁说话她都无动于衷。

后来女人的儿子结婚了,新媳妇从来没有见过奶奶,只知道婆婆每天会给她去送饭。一天,她决定要跟着去看看。没想到的是,奶奶竟然住在那样一个房子中,每天过着那样痛苦的生活。屋子又脏又破,奶奶因为常年营养不良导致骨瘦如柴,所有的一切都让她心疼不已。最让她伤心的还是床头那个又脏又破的大碗。

饭菜倒进大碗之后,奶奶颤抖着双手准备吃饭,新媳妇开口说话了:"奶奶,你小心一些,不要把这个碗打碎了。"婆婆赶紧说道:"没事,一个破碗

而已。"新媳妇赶紧回答说:"不,这个碗得留着,否则将来你用什么呀?"婆婆听了心里一惊,不敢再说什么了。

后来她们把奶奶接到了大房子里,从此好好地孝顺起来。

劝说别人要因人而异,不同性格的人接受劝说的方式也是不同的,同样的说辞或许对一个人奏效,对另一人就不奏效。当你劝说别人时,首先要了解一下这个人的性格特征或者理解层次的高低,然后再有针对性地选择自己劝说的方法,从而能够更好地打动对方的人,把劝说的话听进去。总之,无论怎样的劝说方法都要讲究技巧,如果你能够成功劝动所有的人,那你就已经成为一个高情商的人了。

第二节 用事实说话

用事实说话是一种自我证明的手段，在人际交往中必不可少。尤其是同陌生人沟通的时候，获得对方的信任与认可是至关重要的。那么怎样才能让对方在毫无了解的状况下信任于你呢？那就是用事实说话。俗话说"事实胜于雄辩"，无论你怎样巧舌如簧，如果你的话经不起实践的证明，终究无法支撑你继续向前发展的。

伽利略是意大利伟大的科学家。他天生聪慧，善于思考，总是能够提出很多不同寻常的问题，就连老师也难以解答。

他生活在17世纪，当时，研究科学的人将两千多年前的希腊哲学家亚里士多德奉为心中的神，认为只要是他说的话就一定是对的，没有人怀疑，甚至不容别人质疑。每当有人提出疑问，他们就会愤怒地责备："你难道想挑战真理吗？"在这种形势下，没人敢怀疑亚里士多德的任何言论。

然而伽利略却敢于挑战人们口中的真理。亚里士多德曾经说过："一个10磅重的铁球和一个1磅重的铁球，同时从同一高度落下，一定是10磅重的铁球先着地，下落速度是1磅重铁球的10倍。"对这句话，伽利略产生了一个疑问：如果这句话是正确的，那把两个铁球绑在一起的结果又如何呢？一种情况是1磅重的铁球拖慢10磅重铁球的下落速度，最终落地时间一定比10磅重铁球单独落地时间长；另一种情况是，两个铁球加起来有11磅重，下落速度一定比10磅的铁球快，这样两种情况就是相矛盾的。针对这个疑问，伽利略进行了多次试验，结果都证明了亚里士多德说的话是错的。两个铁球从同一高度落下，无论它们各自的重量如何，它们总是同时着地的。

后来，他把这个结果公布出去，并且宣布要在比萨斜塔上做一次公开的实验。到了那天，前来围观的人有很多，大家都想看看这个狂妄的年轻人是如何颜面扫地的。顶着巨大的压力，伽利略完成了实验，证明了两个铁球同时着地，亚里士多德的话是错的，人们这才相信，大哲学家的话也不一定全对，并且对伽利略产生了几分信任。

由此可见，事实的力量很强大，它可以战胜任何形式的谈话技巧。在与人交往的过程中,用事实说话可以给说话者带来更大的自信,也会让对方感觉到非常踏实,从而愿意与你做更加深入的沟通,为交际成功做好了第一步。

如今职场问题对于年轻人来说非常关键。每一个人发展都要面临职场。很多现实告诉我们,讲求事实更容易成功。当你面试的时候,与其把自己夸得天花乱坠,不如用事实说话更具说服力。

小王是某大学英语学院的学生,大学毕业以后,她到一个外企公司应聘。这家公司的要求非常高,因此前来面试的人个个都非常优秀。有的人有过国外留学的经历,有的人研究生毕业,有的人从事过相关的工作,总之她这样一个区区的专科毕业生根本没有优势,甚至在外人看来,根本不具竞争实力。但是小王并没有灰心,不到最后一刻,她是绝对不会轻易放手的。

其他竞争者面试的时候,尽量把自己专长的东西都介绍出来,并且把在学校获得的各种奖项都作为自己的加分项。小王自知没有什么其他的特长,只是英语口语和交际能力都相当好,于是当她面对面试官的时候,一改他人的应聘风格,全程都用英语介绍自己,她说:"我的学历虽然不如其他人高,学习成绩也并不是最好的,但是我觉得以我的能力完全可以胜任这份工作。在校期间,我经常利用假期到旅行社带外国旅行团,自觉沟通能力尚好。"说着,她还展示了很多与国外旅行者的合影。

小王给面试官留下了非常深刻印象。面试结束以后,几位面试官互相商讨,他们共同觉得其他人都在是炫耀自己的本事,但是并没有看到他们真正的本领。如果现在凭借他们的说话就录用,工作能力还未可知。然而小王的实力已经真实地展现在眼前,胜任工作完全没有问题。于是小王最终战胜其他竞争者获得了这个职位。

高情商的人懂得在合适的时间用事实的说服力去打动别人,从而给自己争取最大的沟通便利,这也是人际交往中最重要的说话技巧。

第三节　巧借名目沟通

在生活中，我们往往发现有这样一类人，他们平日里侃侃而谈，无论什么事情都愿意发表一点自己的见解，可是一旦让他们到了严肃的场合，发表点严肃见解，他们就会十分紧张，完全异于平常。这种状况无论大人还是小孩都会出现，这时，只要将他们心中的紧张情绪化解掉，他们就能够迅速恢复到常态，从而能够正常地进行交流。

刘刚是一名非常优秀的医生，他主要负责的工作就是给孩子们打预防针。几乎所有的孩子都害怕打针，从一看见针管就开始哭，不仅如此，他们还使劲用力挣扎，以至于胳膊上的肌肉紧绷，打起针来痛感更加明显。因此更加害怕打针，如此往复形成一个恶性循环。

刘刚每次给孩子们打针的时候也是这种状况，刚一拿出针管孩子就开始哭，胳膊上的肉绷得紧紧的，如果这时强行给孩子打针，势必会让孩子的胳膊疼上一会儿。刘刚知道怎样安抚孩子，他先用酒精棉在孩子的胳膊上擦一擦，然后对他说："好了，好了，打完了。"孩子听了这话以后，立马就放松了不少，肌肉也慢慢地放松了下来。这时，刘刚轻轻地把针打进去，完成了预防接种。

很多时候，人们本身的能力并没有变，只是因为心情的变化而影响了正常的发挥。如果我们与人交流时，面对的是一个容易紧张的人，我们就应该先消除他心里的紧张情绪，使其调整到一个放松的状态中，然后再进行交流，这样沟通的效果就会好很多。那么，怎样让对方放松呢？最根本的途径就是巧借其他名目，让对方紧张的注意力转移到别处，然后再缓缓地进入到你想讨论的话题中，这样一来，你就能够轻而易举地达到想要的目的。那么具体的方法有哪些呢？

巧借话题，让对方轻松聊起来。当你与人交流的时候，就会发现有的人因为紧张不敢说话，甚至完全不知道应该表达什么内容；有的人原本就是一个沉默寡言的人，无论是你怎样要求，也不怎么爱说话；有的人对你说的话题完全不感兴趣，不会与你形成互动。这时，你不妨先放下聊天的话题，根据对方的需要找到他感兴趣的话题，聊起来，然后在大家都放松下来之后再回到正题上，这时，对方就会愿意跟你交谈。

小陈刚刚成立公司，在运营和管理上都非常吃力，他这才知道原来开办一家公司竟然这样艰难。就在他感到十分迷茫的时候，有人向他推荐了刘老先生。刘老先生跟小陈一样，是从一个什么都不懂的农民奋斗成为一个企业家的。成长经历非常相像，于是小陈决定要向刘老先生去取经。

一个星期天小陈带着礼物到刘老先生家拜访，并且直接表明了自己的来意，说自己现在正陷入一个十分迷茫的境地，希望老先生给指导一二。然而老先生并没像他预想的那样，将自己的经验说给他听，甚至根本就不搭他的话茬，这让小陈感到非常意外，也深受打击。

原本小陈想转身离去，但是他还是有些不甘心，于是就想再继续试试。这次小陈不再询问公司的事情了。他看见刘老先生的院子中养着好多小鸡。于是就跟老先生聊起养鸡的事情。

小陈说："小时候我家也养了很多鸡。虽然我总是给妈妈帮忙，但是养鸡的技术却跟妈妈相差很远。"这个话题显然引起了老先生的兴趣，忙着询问："哦？有什么差别呢？""每到傍晚，我费尽千辛万苦召唤小鸡们回家都不管用，每次都东跑西跑，但是妈妈只要呼唤一声，小鸡们就会乖乖地全部跑来。"老先生马上就说："你妈妈一定是给小鸡们喂粮食了。""可是我也喂了呀。""你们喂的时间一定是不同的。你是想起来什么时候喂就什么时候喂，但是你妈妈一定是在召唤完小鸡之后给他们喂粮食的。"小陈感到很惊奇，于是问道："你怎么知道啊？""我猜的，小鸡们之所以听话，是因为听话之后得到了好处，时间久了形成了条件反射，即使偶尔不给它们吃的，它们也会听到召唤之后就会跑来。"说完之后，他停顿了一下说道："人也是一样的，每次做完事情给点甜头，他们的积极性就会更高，你不能乱施恩惠，而要把好处用到点子上。"小陈若有所思地点点头。打开了话匣子之后，刘老先生一下子说了很多话，小陈受益匪浅，觉得不虚此行。

借助其他人展开话题。很多时候与陌生人交流时，对方都会带有较强的戒备心理，不愿意敞开心扉。但是当你借助他人展开话题，对方的戒备心理就会放松下来，觉得反正不关自己的事情，大可以无所顾虑地发表意见,从而愿意参与到交流中来。

小李刚到杂志社的第一天,他就接到了一个街头采访的任务,话题为:"如果公婆要跟你们一起生活,你怎么想?"小李觉得这是一个普遍存在的问题,采访起来应该没什么难度。然而事实上并没有他想的那么简单。很多女性都碍于老公和公婆的关系,很抵触这个话题。不愿意多谈。眼看无法收集到更多精彩真实的想法,小李决定转换一下问法,把话题改成"你如何看待父母与已婚儿女同住的问题",这下,人们的话匣子一下子打开了,小李也收集到了各种精彩的答案。

事实上,问的方法改变,但是内容依旧是不变的,只是转换问题之后,被采访者觉得这件事情只是在发表对一个问题的看法,与自己无关,所以随心所欲地发表言论。很多时候,当人们觉得谈话与自己紧密相关的时候就会有所戒备,甚至隐藏起内心真实的想法,使沟通产生障碍。

总之,学会巧借名目,让你的谈话更具技术含量,你就可能成为沟通上的高手。无论面对怎样的人,你都可以与之畅谈无阻。

第四节 有话当面说

我们经常在招聘启事上看到"工资面谈"、在买卖交易单上看到"价格面议"等字样,现在通信设备发达,相隔两地的人经常能够通过手机、电脑等通话、视频,但是他们仍在每天念叨着找时间聚一聚,见见面……由此可见,人与人交往沟通,见面是一个非常必要的手段。

人们常说"见面三分情",当你不小心得罪他人,当面赔礼道歉,对方就会看在你的面子上宽宏大量;当你有求于人的时候,当面去请求,对方也会因为你的面子而无法驳斥,甚至将原本不情愿的事情答应下来,这就是有话当面说的好处,因为对方充分感受了你的尊重,所以愿意去成全你的心愿。

老张的儿子大学毕业了,他想让儿子回乡发展。可是他们的城市发展并不是很好,没有几个像样点儿的企业。只有一家私企规模很大,享有很高的声誉。老张想让儿子去这家企业上班,可是这家企业的招聘门槛很高。公司职工大多都是研究生、博士毕业,即使本科毕业也是有丰富工作经验的人。老张儿子刚刚本科毕业毫无工作经验,进入企业的机会几乎为零。为此,他感到很忧愁。

一天他突然想到了自己的一个远方亲戚,他是这个城市有头有脸的人物。如果他能答应帮忙说说情,说不定就会有希望。于是,老张开始托人去找这位亲戚,可是几次下来,基本上没有什么音讯,帮忙办事的人都说,亲戚表示无能为力。后来,老张通过多方打听要到了亲戚的电话,说明原因之后,亲戚说:"我跟那家企业的经理也不认识,这事情恐怕比较难办。"之后,他就开始说其他的话题,老张也没有继续说下去。

几天过去了,老张仍旧不甘心,这个企业与儿子的专业正好对口,又在自己的城市,实在是非常好的机会。于是老张亲自上门拜访亲戚,希望其从中帮忙。这次亲戚的态度有了很大的改变:"既然你都来了,咱们也是实在亲戚,那我就答应你试试,我尽量吧,好吗?"

后来老张的儿子成功地进入了这家企业,经理答应先让他一边学习一边干,想着儿子能够很好地发展,老张的心里乐开了花。

PART 9 让自己的话更具技术含量

有求于人如此，与人相处也是如此。人与人交往贵在坦诚。如果你对某个人有意见，可以当面找一个合适的方法说出来，这样对方就能够感到你的诚意，至少你是一个非常真诚的人。然而现实生活中，很多人都做不到有话当面说，甚至练就了阳奉阴违的本领。当面笑脸相迎，所有的意见都留到背后与人讨论。这样的人很难得到别人的真心。

陈嫂在村里可是出了名的"八卦"，无论谁的闲话她都说，甚至完全不顾内容的真假，是否伤及别人的隐私等。因此村子里的人很少跟她交朋友，只有几个和她一样爱搬弄是非的长舌妇跟她走得比较近。

一次，村子里要搞集体劳动。村长安排完工作以后，大家什么都没有说就回家准备去了。回到家之后，陈嫂开始抱怨村长安排工作不合理。她不仅在自己家抱怨，同时逢人就说，甚至不断帮助别人分析着工作安排的好与坏。有些人知道她的为人，只是听听罢了，有些人则开始盘算自己的工作，觉得的确不是很合理，于是闹上了情绪。

工作的时候，在陈嫂的带动下，很多人都消极怠工，村长看在眼里，却不知道为什么会这样。后来他看见陈嫂召集了一堆人坐在一起闲聊，等他走过去想要问个究竟的时候，她们却又若无其事地散开了，只是工作上依旧不上心。

村长为此很生气，于是再次召集村民们开会，着重强调对工作安排有什么意见可以当面说出来，而不是背后议论纷纷，消极怠工。于是一些对工作安排不满的村民纷纷发表自己的看法，而村长一一给了合理的解释。于是村民们觉得在村长背后说闲话实在是不应该，在工作上更加努力。而陈嫂更是自讨没趣，她原本想说一点闲话，结果却打了自己的脸，不光如此，村民们觉得她这是故意挑唆，不仅自己不坦荡，还引导别人走不道德的路，从此更不愿意搭理她了。

尽管人们总说："谁人背后不说人，谁人背后无人说。"但是在背后议论别人，确实是一件不道德的事情。生活中不乏背后说人坏话的人，在日常交际中，我们经常会遇到。这时，我们应该学会用辩证的思维去看待这件事情。一个人说其他人的坏话，必定有着自己的目的，我们要学会分析。明白其心理，然后不断地自我完善。

当面对这类人的时候，你最好的做法就是保持沉默，在适当的时候，对说坏话的人进行劝导。最不能的做法就是不断附和，还对被说的对方加以评论。这不仅是属于道德的不礼貌，同时也可能给自己的交际带来一定的困扰。因为你的评论很可能就会被说坏话者讲给了别人听。因此，当我们对别人有意见的时候，要做到有话当面说，看准适当的机会提出，或者在你能够承受的范围内最大限度地容忍，坚决改掉背后议论别人的陋习，以免它给我们的人际交往带来极大的杀伤力。

第五节　巧妙避免不合理话题

俗话说"酒逢知己千杯少，话不投机半句多。"从这句话中可以看出，人与人交往话题非常重要。合理的话题可以让两个人迅速进入到真诚相待的交往状态，而不合理的话题则会让彼此变得冷漠，好像多说一句话都无益。一个交际高手总是能巧妙地避开不合理的话题，然后跟任何人都能聊得来，让对方觉得聊天是一件有意思的事情。

> 公司要举办一场大型的酒会，一方面酬谢员工辛苦劳作，另一方面给公司做好宣传。酒会安排的重任最后落到了业务部王经理的头上。事实上，在公司王经理的业务水平并不是最高的，但是他却是公司人缘最好的一位。
>
> 因为酒会的性质特殊，所以受邀的宾客身份各异，有的人是领导高层，有的是社会名流，有的是商业大亨，有的是普通职工。总经理交代，既然受到邀请，那就是公司的座上宾，不能让任何一位宾客在酒会上受到冷落，务必使酒会圆满成功。
>
> 酒会刚开始不久，大家散坐在座位上。有的人在听着别人说话，笑而不语；有的人，如开闸的洪水滔滔不绝；有的人，无精打采，一脸无趣；有的人东张西望，不知道该怎样融进这个酒会中。很明显大家并没有一个合理的话题。他们要么是大谈自己的生意经，一些普通职工不感兴趣，要么就是讲自己的成长史，别人难以插话而无趣。王经理看到这样的状况以后，决定要将所有的宾客情绪都调动起来，让酒会变得热闹。可是大家身份地位、生活阅历都不同，谈论什么话题能让大家没有任何顾忌地畅所欲言呢？他想了想说："亲爱的朋友们，今天既然是酒会，目的就是让大家放松的，那么我们今天就不提工作，只谈感情。来吧，我们今天说说小时候的事情怎么样？"这下大家一下子都活跃了起来，刚才的各种话题都中断了，那些不在状态的人也参与到了聊天中，乐呵呵地听着，时不时地说上两句。这个酒会大家都开心极了，谁也没有因为身份的差异，话题的不合时宜而陷入尴尬的境地。

之所以王经理筹办的酒会能够成功，那是因为他清楚地知道在这样的场合中，什么样的话题是不合适的，如果谈工作，社会名流不愿意听；谈高端生活，职工们不愿意听；谈生活琐事，商业大亨们又不感兴趣。但是童年每个人都会有，也无关自己的身份地位，适合每一个人。与人交往时，最大的沟通障碍就是选择了不合理的话题，把天聊死。那么怎么巧妙避免不合理的话题呢？关键的一点在于你要明白什么样的话题是不合理的。一般来说，下面的话题很容易就会使沟通陷入尴尬的境地：

只谈自己。很多人习惯以自我为中心，与人进行交流的时候，往往会希望大家的注意力都集中在自己的身上，于是大谈自己的各种事情。事实上，渴望被重视是每一个人都有的心理，如果你一味地谈自己，尤其是自己的一些荣耀，很容易就会引起别人的反感，因为你的成就与他人无关，人家才不想听你这些无聊的话题。

古老的话题。有些人人生阅历简单，或者是偏好一类事情，于是与人交流的时候，往往只是说一类事情，即使之前已经说过，也会不停地说下去，或许刚开始别人还挺有兴趣，随着次数的增多，对方耳朵都快起茧了，自然不想听你再啰唆。

对方的伤心事。与人沟通时最忌讳的就是在人家的伤口上撒盐，这极容易引起对方的反感，甚至痛恨。如果与你聊天的人与你是很好的朋友，出于关心，你问候一下未尝不可，但是如果关系一般，你在选择话题时就要谨慎。尽量不要让对方再次陷入痛苦的境地，从而没有兴趣同你聊天。即使对方主动向你倾诉了自己的伤心事，你也应该就尽量去安慰对方，而不是为了满足自己的好奇心不断地追问，从而让对方更加痛苦。

存在争议的话题。世界上的很多事情都没有固定的答案，孰是孰非只不过是人们的一种理解和认为。不同的人性格不同，思想不同，看待问题的方法自然也就有很大的差别。另外人性中都有争强好胜的基因，如果在大家的聊天中无端挑起有争议性的话题，那么大家就会各抒己见，从而形成对立面，影响沟通的氛围。例如先有鸡还是先有蛋的话题，在与人交往的过程中讨论，最后很容易引发大的争执。

私密、敏感的话题。人与人交往不可能完全透明，即使非常熟悉的人在一起，彼此也会有私密和敏感的东西，例如夫妻生活、宗教信仰等，这些话题一般不愿意与别人进行讨论，如果你在聊天中提及这些，很容易就会造成对方的尴尬，难以让聊天继续下去。

钱的话题。很多人对钱十分喜欢，与人沟通的时候，往往喜欢聊钱的话题，例如"你的工资是多少？""这个东西多少钱买的？"之类的话，这些话题事实上很多人都比较反感，如果你提出来，对方就会觉得你是一个俗不可耐之人，不愿与你有再多的接触。别人的钱财与你无关，别人的管钱理念也与你无关，为什么要用一些无关紧要的事情来毁掉自己的形象呢？

低级乏味的话题。交际场上很多人兴趣爱好简单，不喜欢研究学问，自身能力不够还想引起他人的关注，于是就会将一些低级乏味的笑话而博得大家的眼球。事实上，或许当时人们非常配合地笑了，但是内心却认为你这个人太乏味，甚至低级趣味，不愿与你深交，尤其是一些兴趣爱好高尚的人，对你更会产生不屑的情绪。

议论别人的话题。在背后议论别人本身就是一个不道德事情。如果在公共场合议论别人的闲话，甚至说一些捕风捉影的事情，这会让你的形象大打折扣。所以与人交流的时候，尽量不要议论别人的是非，以免给自己的交往造成障碍。

PART 10
能打动别人就是会说话

PART 10 能打动别人就是会说话

第一节 情理结合更具说服力

在日常交际中,我们往往会因为需要而劝说别人。尤其是与陌生人交往的时候,想要达到自己的目的,就必须让对方接受自己,这时就需要动用劝说这一门说话的艺术。自古以来,劝解别人最奏效的方法就是动之以情,晓之以理。这是因为人有感性和理性之分,当我们遇到的是陌生人,并不知道他属于理性还是感性的人,是采取道理说服还是采用情感打动对方,因此高情商的人就会情理结合,使自己的话语具有双重的说服力。

赵楠在一家公司工作了几个年头,虽然已经算是资深的老员工,但是工资却始终不见涨。刚开始的两年,赵楠还没有女朋友,一人吃饱,全家不饿,感觉自己生活勉强还能过得去。可是最近几年,物价飞涨,自己又谈了恋爱,总感觉生活有些捉襟见肘。他自认为在公司的表现很不错,好几次为公司立下了功劳,老板口头上的奖励也实在是太吝啬了。为了解决自己的窘境,他好好地权衡了一下,虽然跳槽确实可以挣得多一些,但是自己在公司干了好几年,如果不是情非得已,实在不愿意离开现在的岗位。于是他决定,跟老板提一下加薪的事情。

一天,赵楠看老板的心情不错,于是就找了合适的时间来到办公室。老板问他:"有什么事情吗?"赵楠有些不好意思地说:"我希望薪水可以涨一点儿。"老板没有说话,张楠接着说道:"我知道主动要求涨薪不太适合,毕竟您对我有知遇之恩。但是就我目前的状况,我还是得向您提出这个要求。过去我没有女朋友,一个人的花销小一些,现在我有了女朋友,马上又要准备婚礼,如果经济条件上不去,我怎么能养好一个家呢?我自认为到了公司以后,踏踏实实做事,对待工作认真负责,几次还给公司带来较大的收益,提出涨薪的要求也无可厚非。我知道公司正处于上升阶段,发展比较艰难,但是我也得为自己的将来考虑,如果薪水不能增加,我怎么能安下心来工作呢?只有心无旁骛,才能给公司创造出更大的利润。"

听了赵楠的话,老板无言以对,因为于情于理,赵楠说的都没有错,所以老板马上就答应了赵楠的请求。

赵楠之所以没有大动干戈就加薪成功，关键是他用情理结合的方式打动了老板。他先是表明自己主动要求加薪是迫不得已，把自己的姿态放低一些，然后再讲自己加薪的原因，从男人的角度求得老板的情感共鸣，然后用自己认真负责的工作态度来说服老板，让他感念自己的功劳，最后对加薪这件事情的利弊进行分析，让老板自己进行权衡，从而促进老板加薪的决定。他的话虽然短短几句，但是情理并茂，根本没有让人拒绝的理由，这就是高情商之人的说话方式。

求人帮忙或者想要得到别人的认可，原本就是一件很困难的事情，但是如果能够将情理结合起来，运用语言的技巧说动对方，使之接受，那么成功的概率就会得到大大的提升。那么具体在使用情理结合时该注意哪些问题呢？

首先"情"要讲在"理"的前边。人是讲感情的动物，只有心中愿意倾听你的说话，你才能有机会去讲道理。有感情做基础的道理也更容易让对方接受。相反，如果一个人上来就给别人讲道理，会给人一种训斥的感觉，反而引起对方的反感，甚至不愿意给你讲"情"的机会。因此在情理结合的说话技巧中，要先动之以情，后晓之以理。

其次情感一定要真挚，充分表现出劝说之人的真心实意。当劝说别人的时候，要帮助别人把内心的情绪发泄出来，所以情感戏要做到十分到位，能够彻底让对方感动。当你有求于人的时候，一定要用真情实意去打动对方，使其产生情感上的共鸣，进而能够设身处地地去体会你的难处，从而愿意帮助你。

最后讲理一定要有真凭实据。只有事实才能作为讲理的基础。如果你能做到有理有据，对方就能从中悟出道理，明白你的正确性，从而愿意按照你的意见去做事情。相反，如果你总讲一些大话、空话，甚至有时还会自相矛盾，不攻自破，这样的"理"自己都站不住脚，如何去劝说别人？另外"理"一定要讲得清楚明白，抓住要害。很多被劝者之所以想不开，就是因为一个道理没有弄明白，钻到了牛角尖中，如果你能够将其心中的疙瘩解开，他自然就会豁然开朗，听从你的劝说。如果你讲不明白，只是反反复复说一些无关紧要的事情，反而会显得你十分啰唆，说话没有条理，让人产生反感的情绪。

只要主要到这几点，那么你在劝说别人的时候就能游刃有余，从而达到自己对沟通效果的期许。

第二节 乘胜追击策略

人们常说乘胜追击，趁热打铁，都是在强调获得一个小成就之后，努力去得到一个更大的成就。这种做法同样适用于劝说别人。当你劝动对方接受了你提出的一个小要求之后，紧接着再提出一个更大的请求，这种方法往往比直接提出一个大请求要有效得多。

当你直接提出一个大的要求时，对方往往会觉得这件事情太难办到，与自己的能力范围具有很大的差距，于是果断地拒绝你。但是当你先提出一个小的要求，先距离原本的目标更近一些，等别人答应之后再提出大的要求，这时，对方有了一定的心理基础，从而更愿意去尝试，就好像妈妈劝说小孩吃饭。如果把一碗饭直接放到孩子的面前，要求他全部吃掉，他会感到非常重的心理负担，于是一口都不愿意吃。但是当妈妈要求"你只吃一口"的时候，他就会吃一口，然后妈妈再要求"再吃三口"，这样反复下来，孩子一碗饭就也吃完了。事实上，这就是一种劝说的策略，可以称作是乘胜追击。

小秦在一家家用电器公司上班，是公司的骨干销售人员。业务量经常是所有员工中的第一名。一次，公司要在某城市做一次大型的品牌推广活动。小秦也是其中的一位销售人员。

那天她们在大街上发放入场券，很多人表示家里什么都不缺，不需要去看。小秦总是说："去看看呗，反正入场券都是免费的，很多新产品刚刚面世，大家不想看看新功能吗？"于是很多人都勉强答应。进入活动场所以后，大家有意无意地闲逛着。小秦走到一位阿姨的身边劝说道："阿姨，您来都来了，买上一点儿自己喜欢的东西吧，看看家里缺什么？""我家里什么都不缺，要不我就买个电热锅送给儿子好了。"阿姨回答道。之后，小秦在给阿姨介绍电热锅的过程中，得知他的儿子刚装修了房子，需要买很多电器，于是，决心好好劝劝这位阿姨。

电热锅买完之后，小秦说："阿姨，您真是个好妈妈。您还需要别的东西吗？

要不要看看压力锅呢，这个锅功能特别多，好多老人现在都喜欢用压力锅，炖排骨几分钟就好。老人们牙口不好，有时候吃肉确实费劲。阿姨你现在给儿子买上一个，将来儿媳妇好给你炖排骨呀。"阿姨想想也是，平时炖一次排骨那么长时间，肉还不是很烂，人家谁愿意去做呀，于是决定买了下来。这时，小秦又开口了："阿姨，既然你都决定买两件了，倒不如把电磁炉和微波炉也买了，一次购买还能给您打个折，反正这些东西您儿子自己也得买，娘俩谁的钱不一样呢？这样您给买了，人家还得领您的情，将来跟谁说起来厨房的东西都是妈妈给置办的，不是挺好吗？"阿姨想想也是，与其现在自己留着钱将来被儿子理所应当地继承，还不如现在就用在他的身上，让他们念及自己的好呢。于是狠狠心，买下了整套的厨房电器。

小秦的这次销售无疑又成功了。原本阿姨什么也不想买，劝说之后也就想买个电热锅而已，结果在小秦乘胜追击的策略下，一下子购买了那么多产品。这就是循序渐进劝说的好处。很多人喜欢保持自己的形象前后一致，当树立起一个愿意合作的形象以后，为了维护这个形象，他们甚至愿意付出更多一点的代价。于是一些销售人员就会将人们的这个心理倾向充分地利用起来，从而达到自己的推销目的。

还有一种乘胜追击的状况就是在别人接受了一个大的要求之后，然后再顺便提出很多小的要求，这时被劝说者往往是不会拒绝的。因此他们戒备的心理防线已经突破，不会再因为一些无关紧要的小要求而驳了对方的面子。

最近，市里新开了一个大型的游乐场，门票就二百多。小刚的家庭条件算不上富裕，所以几次要求妈妈都没有答应带他去玩。放暑假了，小刚再一次提出要到那个游乐场去玩，并且表示已经有好多孩子去玩过了。妈妈看见小刚希望非常迫切，于是不忍心让他难过，就答应了他，不过出门之前特意嘱托："进了游乐场之后，可不能闹腾着瞎买东西哦。"小刚高兴地答应了。

到了游乐场之后，里面大得真是让人不敢想象，小商贩们买着各种各样的东西。大家都不停地叫卖着。小刚毕竟是个孩子，虽说看见东西以后没有说直接哭闹着不走，但是每到自己想要的东西面前都会驻足。这时小贩们就会劝说妈妈给孩子买，当妈妈表示不愿意之后，他们就会说："二百多的门票就花了，

还在乎这十几块钱吗？来就是为了让孩子高兴不是？"妈妈想想也是，反正也不在乎多这一点，于是只要小刚喜欢的，妈妈就买给他。结果一趟下来，花掉了五百多。

  由此可见，劝说别人的方法有很多种，关键是你要学会去利用人们的心理。当他们放下心中的抵触情绪接受一件事情之后，你就可以趁着对方的心情再提出其他的要求，这往往要比你直接提出很多请求的成功率要高很多。

第三节 藏起自己的"小尾巴"

人与人相处通常会有很强的戒备心理,生怕一不小心答应对方的要求会对自己造成伤害,尤其对于陌生人来说,直接要求对方接受某种要求可能是一件极其困难的事情。另外,人们都有一定的叛逆心理,你越想让他干什么,他就会越反感干什么,从而与你的初衷背道而驰,越来越远。因此一个好的劝说者,善于把自己的劝说"小尾巴"隐藏起来,不让对方明显地看到劝说的动机,然后用语言和心理攻势巧妙地引导对方,使其站到自己的阵营中来,进而心甘情愿接受自己的劝说。

老张和老王是一对邻居,他们两家的地也仅隔着一条路而已。老张是个爱占小便宜的人,每年耕地的时候,他都会向外扩一点点,以至于与老王家地之间的路越来越窄。对于此事,老王一直没有计较,虽然上地很不方便,但是勉强还是能走的,于是也没理会老张。村子里的人经过这里时,都看在眼里,背地里指责老张爱占小便宜。

今年耕地,老张竟然把最后的一点路又占去了一部分,只给老王留了一脚宽的地方下地干活儿。老王为此十分愤怒。一天雨后,老王去地里干活儿,原本宽宽的道路变成了一条窄窄的田埂,他走在上面,一不小心就滑进了田地,扭伤了脚。于是他终于爆发了,一瘸一拐地来找老张理论。老张反而振振有词:"路又不是你家的,我占点关你什么事儿?再说了,是你自己走不好,又能怪谁呢?"于是二人大吵起来,谁也不再搭理谁了。

村子里的人都来劝老张:"邻居之间低头不见抬头见,伤了和气就不好了,毕竟老王扭伤了脚,你去道个歉和解吧!"老张偏偏是个倔强的人,大家越是这样说,他越不愿意去和解。同村的老李知道这件事情之后,他也想去劝劝看,毕竟都是一个村子的乡亲,谁也不愿看着他们反目成仇。

老李刚走进老张家,老张就嚷嚷:"你要是也来劝我道歉,我看还是免了吧。""谁有工夫管你那闲事呢,我来是想问问你家儿子有对象没有,我好给他留意个媳妇。"于是老张热情地让老李坐下,开始谈论儿子的事情。过了一会儿,老李感觉两个人已经形成了一定的默契,老张已经不再戒备提吵架的事情,于是说道:"你说你俩都几十年的老邻居了,因为一点小事吵架有什么意思呢？"老张回答说："是他要先找我吵的。自己走不好路还怪别人。"老李又说："你说的是没错，可是要不是路那么窄他能摔倒？你老占路上那点儿地能多收几斤粮食？反而还落下个爱占便宜的坏名声，得不偿失呀。我知道你是好人，可是名声对人们来说可是最要紧的，你现在把邻居关系搞得这么紧张，难免会有人说你的闲话，这对你儿子娶媳妇的影响也不好。"听了这些，老张心里稍有触动，问道："那我该怎么办呢？去道歉吗？"老李回答说："那就看你自己的意思了，我觉得邻里关系很重要。你听说过六尺巷的故事没有？现在都成世世代代流传的佳话了。你想当村里的反面教材，我也没什么可说的。"

后来老张主动找老王道了歉，并且重新让出了道路，两家人也因此重归于好。老张自己也感觉心里舒坦了很多。

之所以老李能够劝说老张成功，关键就在于他藏起了劝说道歉的动机，首先让老王觉得他是一个站在自己一边的人，并且会站在自己的立场上想问题，从而放松戒备，愿意听取老李的劝说。

在日常生活中，我们经常需要劝说别人，这时为了增强劝说的影响力，就必须要把动机隐藏起来，表现出一副不经意间提到的样子，或者等着对方主动去获得劝说的信息，例如在对话时，我可以用"就好像你所说的那样……""听你这样说，我倒是想到了另外的一件事情……"这样的说法一出口，你的想法就变成了对方的想法，也就更容易让对方接受劝说。

劝说他人技巧非常重要。当我们知道对方对劝说的内容存在逆反情绪的时候，就要换一种方式引起他对劝说信息的重视。当具备一定的心理和认知基础之后，再表明自己的观点，这时或许正好与被劝说者内心的想法相契合，从而一下实现劝说的目的。总之，在劝说他人的时候切忌鲁莽行事，直接表明自己的观点，这会给人一种非常强的压迫感，如果被劝说者是一个倔强的人，那劝说很可能适得其反，使劝说的结果更加糟糕。

第四节　学会商量的艺术

生活中，如果我们想劝说别人按照自己的意愿去办事、去面对问题，首先就应该在说话方式上进行调整，尽量用商量的语气去说，从而让别人心甘情愿地接受你的劝说。尤其是你占据有利地位的时候，更不能随便使用命令的口吻，以免加重对方的反感情绪，让劝说难度更大。

程东是一家机械厂的经理。因为工厂有很多机床、电源设备，所以对于烟火的控制相当严格。工厂要求员工不得在车间内吸烟，甚至在靠近车间的厂区抽烟都不允许。如果有谁想抽烟，就必须要到远离车间的吸烟区去。

一天，几个工人工作中途休息，于是几个人结伴走出车间，打算抽支烟。他们实在太累了，于是刚一出车间就停下来，掏出烟抽了起来，完全没有理会厂区禁止吸烟的标语。这时，程东正好经过这里，看见工人们在抽烟，心中顿时涌起了股怒气，很想走上去指责他们，可是他转念一想，指责有什么用呢，反正已经抽了，还是应该跟工人们好好交流，避免下次再犯。于是他脸无愠色地走上去，说道："走吧，咱们还是去吸烟区抽吧。在这里吸烟可是很危险的，万一不小心着火，咱们的饭碗可都保不住了，你们说是不是？"工人们纷纷点头，都为自己的错误低下了头。

从那儿以后，工人们都恪守不在厂区抽烟的原则，对程东的说话办事方法都连连称道。

同样是劝说别人不要抽烟，如果程东以领导的身份对员工们大加训斥，员工们同样也会记住教训不再在厂区抽烟，但是他们会因此而心生不满，很可能就会在工作中产生情绪。但是程东用商量的语气表达了自己的劝说，员工感受到了领导对员工的尊重，进而心甘情愿听从劝说。

劝说别人是一种语言艺术。如果运用得好，对方轻而易举地就能被劝动。相反，你在劝说时发挥不好，很可能就会让事情更加糟糕。通常来说，你要因为一件事情去劝说别人的时候，首先要用委婉的方

式讲清事实的真相,然后再表明自己的看法,这样对方就会心甘情愿地接受劝说。

艾米家的楼上搬来一位新邻居。她很少在小区里活动,每天基本上不怎么露面。她似乎很喜欢唱歌,每天晚上十一点开始,她就一直唱个不停。虽然歌声比较动听,但是作为邻居来说,艾米感到非常困扰。艾米的孩子习惯了安静的睡觉环境,自从这位邻居搬来以后,她每天都睡不安稳,甚至有时哭闹不止。眼看着孩子因为睡不好觉而消瘦,艾米决心去找邻居谈一谈。

敲开门之后,艾米表明自己的身份,邻居把她请进家门。于是艾米便开始切入正题:"你好,我今天来主要是和你商量一件事情的。这些日子我们每天晚上都能听见你唱歌,歌声很动听。可是我们家有一个小孩,她睡觉就怕有太大的动静,最近她每天都睡不好,一听见唱歌就翻来覆去闹腾。我来是跟你商量,看看你能不能把唱歌的时间调整一下,尽量让咱们大家都方便一些。"邻居有些不好意思地解释道:"给你们造成困扰实在是不好意思,我是一个网络主播,晚上是直播的黄金时段,所以才总在晚上唱歌的。"艾米接着说道:"哦,这样啊,既然这是你的一份事业,你看这样好不好,你给房间装上一点隔音板,这样声音就会减弱很多,也算你是为事业投资了。"邻居点头表示同意。

第二天,邻居就找人装上了隔音板,艾米家也再听不到声音,邻居之间没有因此而产生矛盾。

邻居之所以很痛快地答应了艾米的要求,一方面是因为艾米夸赞她的歌声动听,心理上得到了很大的肯定,另一方面是因为艾米采用的是商量的劝说方法。她先说明自己的境况,然后提出自己的要求,双方利益都没有受到影响,于情于理邻居都无法拒绝。试想,如果艾米一进门就开始提自己的要求,让邻居调整时间或装上隔音板,邻居肯定会因为这种强势的态度而心生不满,从而找各种理由拒绝,进而引起矛盾或者是争执,破坏掉邻居之间的关系。

因此,学会商量的艺术可以让很多劝说在一个和谐的氛围中完成,既能达到劝说的目的,又对双方之间的关系无碍。然而现实中并不是所有人都能够做到遇事与人商量,甚至在他们心中商量是一种懦弱的表现。在他们看来,只要有理就可以理直气壮地去跟别人理论,如果是这样,最后理论赢了又有什么好处呢？表面上看，你的这次劝说有可能是成功的，但是却把之后的交往之路完全堵死了。如果你总是以这样的方式解决问题，那么谁还愿意与你相处呢？

总之，高情商的人懂得运用商量的艺术，劝说别人手到擒来。如果你也想成为这样的人，不妨多学习学习。

第五节　语言逻辑不可忽视

　　劝说别人是对一个人整体说话水平的考查，它不仅包括说话的技巧与方法，同时还包括语言逻辑。通常情况下，人们对说话的态度、技巧等非常重视，认为只要这些做到了，劝说就会成功。事实上，语言逻辑也是一个不容忽视的重要因素。在与人沟通时，只有语言有说服力，他人的行为才会受到极大的影响，从而愿意听从劝说，并且对我们产生信任。

　　当你需要劝说别人的时候，必须要条理清晰，话有所指，无论采用怎样的方式和技巧，最终让对方明白，你是想让别人做什么或者是怎样去做，这样对方才能决定是否听从你的劝说，知道如何完成好你的要求。

　　小兰的妈妈是一个说话办事非常没有条理的人。听她说话总给人一种云里雾里的感觉。一次，家里要有客人拜访，她想让小兰去超市买些菜回来。于是就开始给小兰交代："你去买些苹果，然后再买些菠菜和花生米，牛肉要少买一些，西红柿买上三五个就行，家里的猪肉好像也快没有了，如果你能看见鲜姜，最好买一些回来，有新鲜的葡萄买一些也行……"妈妈还在那里说着什么，可是小兰早就不再听了，因为她根本就不知道她在说些什么，等妈妈说完之后，她面无表情地说："你把要买的东西记在纸上好了，说那么乱，我哪能记住呢？"

　　还有一次，妈妈因为买菜跟别人发生了争执，回家后一脸不高兴，爸爸急忙询问缘由。妈妈一边流泪一边说："今天不是星期天嘛，我想着家里改善改善伙食，于是就跟着隔壁王大妈一起去菜市场，路上，正好碰到她的一个熟人，我们就三个人一起走。今天的天气真热，我把自己的帽子放在了菜篮子里，可是王大妈说有风的话会吹跑的，于是我就又戴上了帽子——"爸爸早就在一边听烦了，赶紧说道："讲重点！"妈妈又说："我戴帽子的时候不小心碰到了旁边买菜人的眼睛，于是她不依不饶，我们两个就争执了起来。"

　　从上面的事情中可以看出，小兰的妈妈说话的确缺乏逻辑。让小兰买菜的时候，如果她能清晰地告诉她，蔬菜要买什么、肉要买什么、水果要买什么。那么小兰自然就非常清楚了。另外在倾诉遭遇的时候，直接就可以说不小心碰到了别人,继而发生了争执,真情的真相也就一目了然。

劝说别人的时候,往往要摆事实、讲道理,如果语言逻辑太差,道理就无法让别人听明白,从而也起不到应有的效果。因此,加强语言逻辑训练可以让人的话语更有说服力,更能直接打动人心。那么,如何加强语言逻辑呢?一般来说,要从以下几个方面入手:

阅读和写作。读写是提升个人语言逻辑的主要手段。反复阅读时,理解内容的同时,思维逻辑也会紧紧地与其相结合,渐渐受到良好的引导。写作时,可以有充足的时间去思考用词和话语的逻辑性。读写多了,说话的逻辑性自然也会有所提升。

注重倾听。逻辑和反应是两码事,不是说得快,说得多,一个人的语言逻辑就会更好。当你自觉语言能力差,需要提升的时候,就要注意倾听学习,看看别人是如何将一件事情快速而清晰地表达出来的。

说话要抓住重点。在说话的时候,无关的信息不要添加进去,否则就会给人一种非常混乱的感觉,不知道你想说的是什么,什么才是你关注的重点内容,认为你说话完全没有逻辑。

说话时分类整理。语言逻辑混乱很大程度上是因为话语缺乏层次感,因此说话时,要尽量把自己的意思归纳分类,然后再按照条理说出来,这样别人就会感到十分清晰,听起来感觉舒服。

让自己的关注度更广泛。通常来说,关注度狭窄的人语言逻辑相对差一些。当他看到一段话或者听到一件事情时,关注到的东西很少,几乎只在乎一两个词或者是一个细节。等到他自己进行表达的时候,往往也就是根据自己的理解来阐述,原本自己注意到的东西很少,因此语言逻辑非常混乱。想要改变这种情况,就要对更多的事物进行关注,无论是从宽度还是深度方面都多加努力。

反复练习。语言重在表达,说得多了自然逻辑就会好一些。因此想要提高自己的逻辑表达能力,就要多给自己创造机会,例如参加一下辩论赛,明确一下自己的论点、论据,这样说起话来逻辑更加明显。另外,多加练习还可以缓解紧张焦虑的情绪,放松的情绪也会使逻辑思维更加清晰。

练习多角度考虑问题。当我们面对一件事情的时候,应该学会多角度去分析,这样就可以锻炼不同的思维,善于发现事情的多面性,从各个方面进行比较总结,从而使自己的语言逻辑更加完整,有效避免单一思维引起的逻辑偏差。

一个人表达的逻辑性和受到的教育有很大的关系。一般来说,受到的教育越高,逻辑表达能力就会越好一些。因为抽象知识的学习使得逻辑的把控能力更强。因此想要成为一个逻辑性强,会劝说他人的人,必须要不断地学习知识,充实自己。

PART 11

通过说话力挽狂澜就是高情商

第一节　巧妙应对冷遇

在人际交往中，遭到冷遇是司空见惯的事情。有些人遭到冷遇时，会义愤填膺，要么大吵大嚷，要么心存忌恨。虽然这是遭受冷遇最正常的反应，也能够被人理解，但是这些情绪在为人处世方面起不到任何正面作用，有时甚至还因为自己的处理不当影响了未来的发展，因此遭受冷遇最正确的做法就是如何巧妙地应对，化解冷遇，使事情朝着有利的方向发展。

李明是个留学生，从国外回来以后，就开始找工作，希望能在国内寻找到好的发展机遇。他个性潇洒，喜欢穿休闲的衣服，看上去给人一种普普通通的感觉。

一次，他看到一家知名企业的招聘简章，工作岗位正好也是自己喜欢的，于是决定去参加面试。因为企业优秀，所以参加面试的人很多。大家个个西装革履，看上去一副商场精英的模样，相较之下，李明更像是一个初出茅庐的小学生。

因为人数众多，面试方式也别开生面，三人一组，各自简单介绍之后，由面试官向各位应聘者随机提问。轮到李明那一组的时候，三人各自自我介绍完之后，面试官就开始提问问题，只是他们把所有的注意力都集中在其他两位应聘者身上，就好像李明这个人不存在一样，这让李明很恼火。然而他并没有拂袖而去，只是静静地听着，把自己的冷遇看成是一个学习的机会。他从面试官对别人的提问中寻找着他们的关注点，以及其他面试者回答中的不足，等待自己的回答机会。

终于，旁边两位应聘者提问了好久之后，面试官才象征性地问了李明一个问题。李明知道，这个问题之后，面试一定就会结束，于是他抓住这个问题，给出了漂亮的回答。他先是表达了自己对企业发展走向的一些看法，然后又针对面试官感兴趣的东西进行论述，在肯定了其他应聘者的说法之后，又对他们所阐述的问题进行了补充说明。总之，他的回答和谈吐让面试官大吃一惊。他们没想到这样一个其貌不扬的人居然有这样高深而独到的见解，于是心中纷纷赞叹。

看着他们脸上惊讶的表情，想想之前他们对自己的冷遇，李明感觉到一种一吐为快的喜悦，好像给了这些以貌取人的面试官一记响亮的耳光。

最后，李明不出所料地获得了这个职位。他深深地感激自己在遭遇冷遇的时候，没有意气用事，而是放平了心态去应对，否则他就会与这大好的工作机会失之交臂。

与人相处时，每一个人都希望自己成为焦点，能够得到更多人的关注，得到别人的认可。但是现实总是不及理想完美，每一个人都可能遭受冷遇。通常情况下，冷遇可以分为主观和客观两种。主观冷遇往往是因为个人期许太高，结果事实上并没有达到内心的期许，从而感觉自己受到冷遇。而客观冷遇就是对方刻意怠慢自己。如果是主观上的冷遇，就要换位思考，如果自己是对方，会不会因为太过忙碌而对客人们照顾不周，如果确实是这样，我们就要体谅对方，不能因此心生怨恨，或者是直接离场。如果是客观性冷遇，我们应该我们应该怎样保持理性的头脑，巧妙地应对呢？

调整心态。很多人自尊心太强，一旦遭受冷遇就感觉受到了严重的打击，于是怒不可遏，做出不理智的决定。事实上，在交际场上，得到别人的尊重和认可是自己争取来的，很少有人会自带光环。另外你因此而放弃交流，很可能就会对自己的利益产生伤害，尤其是有求于人的时候，更不能掉头而去，而是调整好心态，勇敢地去面对，这样才是最理性的做法。

主动交流，必要时针锋相对。小肚鸡肠是个人发展的大障碍。当遭遇冷落的时候，你不妨主动与对方交流，展示出自己的宽容大度。如果对方太过于傲慢，刻意让你难堪，你就可以适当地针锋相对，给予对方有力的回击。虽说在公众场合与人较量不是很好，但是为了维护自尊也很有必要做出回击。当然，这种回击是要情理结合的，不能撒泼耍赖，不然，一是丢失自己的风度，二是搅乱了正常的社交秩序。

漠视不理，装作毫不在意。这是一种应对冷遇非常高明的手段。一般来说，对方之所以要故意冷落你，目的就在于让你不高兴，如果你因此而心情低落，那就正中下怀。如果你能够坦然面对，不愠不怒，对方也会为你的胸襟而感动，从而转变对你的态度。

通过委婉的方式，表明自己的想法。当你被冷落的时候，心中自然感到十分委屈。有时你不说出来，对方会变本加厉。如果你能采取一种委婉的方式让对方明白自己心中的不快，从而使尴尬的氛围得到缓解，自己的心情也能够稍微放松一些。

寻找其他的朋友去交际。当你在交际场上受到某个人的冷落之后，如果心情低落，把自己封闭起来，那么更没有人愿意走近你，从而使冷遇的状态更加明显。因此当你不开心时，可以去寻找其他的朋友聊天，一是可以缓解尴尬的氛围，向冷遇的人宣告不在乎，二是可以排解心中的郁闷，以免心情压抑对身心健康产生影响。

试着去让自己变得强大，吸引更多的注意力。与人交往时，强者往往带有光环，而弱者只能博得他人同情而已。为了化解自己受冷遇的尴尬，你应该让自己表现得更加强大，从而吸引来更多的关注度，这时，人们自然而然就会围绕在你身边，消除冷遇。

这些巧妙应对冷遇的方法同样适用于职场。受到上司的冷遇并不意味着自己在公司就永无出头之日。你同样可以不断地充实自己，然后向上司展现你的能力，或者为了维护自己的尊严，进行理智的反抗，只要自己能够把握好尺寸，巧妙应对，一切都不是问题。

第二节　话不投机时转换思路

俗话说"话不投机半句多",在交际场中,我们经常会遇到话不投机的朋友,两个人三句话不到,就相对无言,陷入十分尴尬的境地。虽说不同性格的人,沟通与交流会相对困难一些,但是这并不意味着两个人没有交流的可能。人与人之间或多或少会有一些共同话题,有些人之所以会陷入到尴尬的窘境无法自拔,关键就在于他们并没有为之努力。如果你与人在聊天的过程中发现话不投机,那一定是在话题的选择思路上出现了问题,如果你能够巧妙转换思路,总有一个话题能够打通你与对方之间的沟通障碍,让你们愉快地交谈下去。

张鑫是大一新生,带着对大学校园生活的憧憬进入学校。一切对他来说都是新奇而充满吸引力的。当然,最让张鑫开心的是又能交到很多好朋友。他性格开朗,喜欢广交朋友,在他接触过的人中,几乎身边所有的人都和他的关系很好。

因为刚刚入学,所以宿舍里的其他三位同学都还不太熟悉,其余两位还好,只有同学李阳给人的感觉总是怪怪的。大家讨论问题的时候,他要么在说别的事情,要么沉默不语,给人的感觉好像根本无法交流。

一次,老师教给张鑫一个重要的采购任务,需要坐很长时间的汽车,而老师给他安排的同伴就是李阳。这下可把张鑫愁坏了。一路上,张鑫试着去和李阳聊天,谈大学生活,李阳说自己上大学是顺其自然的,并没有太多的期望;谈朋友,李阳说自己性格比较内向,能聊的朋友很少;谈家人,他说自己的家庭很幸福,也没有什么特别的事情……张鑫试了很多个话题,可是没有一个话题可以和李阳聊着超过五句,他心里默默地抱怨着:"真是倒霉,居然有这样一个话不投机的同伴。"沉默了一阵儿之后,张鑫觉得实在太无聊了,再次打开话匣子。他心想:"我还不信了,就找不到一个可以和你聊的话题。"于是,他从天文聊到地理,直到说到做饭的时候,李阳才来了兴趣,滔滔不绝地说起来。这时,张鑫好像刚刚攻破一座堡垒一样松了口气。

之后相处的时间里,只要有涉及到美食的问题,大家都会去找李阳,慢慢地大家与他聊的越来越多,从过去的话不投机变成了好朋友。

从这个故事中可以看出，张鑫是一个交际方面的能手，他在聊天陷入尴尬的时候，能够力挽狂澜，通过不断地转换思路使聊天活了起来。事实上，如果你想成为一个交际高手，就必须拥有张鑫这样的态度，想要提升自己的说话水平，即使遇到话不投机的人也要迎难而上。只有跟各种各样的人交谈过，你的说话技巧才能不断提高。如果你只是因为话不投机就彻底放弃，那么等待你的只有交际的失败。

初入职场，高东觉得一切都很陌生。职场的环境和校园环境有着很大的不同。过去在校园中，大家每天过着不识愁滋味的生活，每天聊的都是吃喝玩乐，从来都没有什么紧迫感。但是职场中生活节奏非常快，每个人都在拼命努力着，他们谈论的是工资、地位、名牌。

高东感觉自己与职场生活格格不入，每当跟同事聊天，好像根本无法沟通，话题永远不在一个频道上。一次公司打算组织一次员工辩论会，让大家报出自己的选题，于是大家开始商量，高东也参与了。他每提出一个意见，大家都表现不出太大的兴趣，而同事们给出的选题，他也不是很认可。他觉得他与大家太过话不投机了。于是退出了辩论赛。

从那以后，高东干脆也不再说什么了，有时候，即使他心中有什么好的想法也不想拿出来与大家交流，他不想在这些沟通上面占用太长的时间。慢慢地他感觉自己真的不适合在这个公司待着，于是选择了辞职。

生活中不乏高东这样的人，在与人交往的过程中，一旦感到话不投机就想要放弃，自己心里有话题不愿意说，内心深处也拒绝别人的各种想法。事实上，这就是自己给与人沟通的道路设置障碍。与人交际不可能随便跟任何人都一拍即合，难免会有很多话不投机的人出现。如果你想把自己培养成一个交际高手，就必须要正视这样的状况。动辄放弃沟通不是一个高情商的人应该有的态度，如果你因为一次沟通不畅就放弃了深入了解的机会，那么你就是放弃了让自己锻炼的机会，失去了结交到一位朋友的可能。

PART 11　通过说话力挽狂澜就是高情商

第三节　哪壶开了提哪壶

人与人的情商天生就有很大的差异，有的人情商高，随便几句就能讨好一个人或者是搞定一件事情。有的人情商低，随随便便一句话就能让对方不高兴，甚至轻而易举地终结一段原本可以愉快的谈话。他们往往称自己"直性子""没心机"，但是说出的话却具有非常强的杀伤力。因此，很多人不愿与这样的人进行沟通，以免受到无畏的伤害。

小燕是一个总是孤独的女孩，她自认为自己真实、善良，但是身边却没有一个朋友。为此，她感到非常茫然，她不明白，自己的满腔热情，为何总是会换来他人的冷眼相对。

一天，小燕在大街上走着。突然，她看到了好久没见的高中同学，她正陪着妈妈逛街呢。小燕激动极了，赶紧走上去打招呼：

"嗨，老同学，好久不见了！阿姨，您好！"

"是啊，的确好长时间没有见面了。"同学也很高兴，回应着。

"我在同学群里听说你离婚了，真的假的？"

同学的脸色一下子有些尴尬，赶紧给小燕使眼色，示意有妈妈在场别再说下去了。可是小燕完全没有领会精神，非常惊讶地叫道：

"难道阿姨不知道这件事情吗？"说完这句话之后，只见同学妈妈的脸色越来越难看，拉着同学就赶紧回家了，说是要好好问问她到底怎么回事。

不光跟熟悉的朋友这样，与同事相处，小燕也是说话不过脑子，经常口无遮拦。她有一位女同事，家庭条件不好，但是非常喜欢打扮，为人很谦和，因此大家都愿意让她高兴。一天女同事买了一条新裙子，高高兴兴地来上班了。大家纷纷夸赞，说她穿着非常有气质。小燕看到后，急忙问道："姐，你这裙子多少钱买的？我在淘宝上也看到了同样的款式，大概也就四五十块钱，你看看这质量，如果不是那么多钱买的，一定就是上当了，我看这条裙子也就值那个价钱。"小燕的话让同事脸红一阵白一阵，一脸愤怒地走开了。

旁边另一位同事赶紧把小燕拉开了，告诉她："你说话注意点儿行吗？不要哪壶不开提哪壶好不好？"小燕一脸迷惑地说："我怎么了呀？难道我说得不对？"

就因为小燕是这样的性格，所以很多人都不愿意走近她，不愿跟她说心里话，甚至有什么事情生怕被她知道。小燕觉得自己活得实在是太失败了。

小燕之所以会这样痛苦，就是因为她情商不够。事实上，与人交往，只要哪壶开了提哪壶就行，每一个人都喜欢谈论一些让自己高兴的话题。情商高的人往往会抓住人们的这一心理特点，投其所好，故意挑选对方高兴的话题来谈。即使在某个话题上，双方很可能会产生争论，也要看这个话题是否尖锐，是否会给沟通造成困扰，如果存有争议的话题会影响双方的关系，那最好就不要说出来，拣选开水壶去提才会万无一失。

张刚和邢凯去找同学玩，恰巧同学有事出去了，同学的妈妈说他马上就会回来，让他们在屋子里稍等一下，于是张刚和郑恺就在客厅中坐了下来。

张刚的这位同学是单亲家庭，父母很早就离婚了。他有一个哥哥，三十岁了还没有结婚，为此同学的妈妈很着急，似乎把这件事情看成了一块心病，说起来就愁容满面。因为坐着很无聊，所以张刚问道："阿姨，大哥还没有结婚吗？"同学的妈妈愣了一下："没呢，三十岁了还没结婚，真是愁死人了。"张刚接着说道："的确，您一个人拉扯他们哥俩是很辛苦。"妈妈顿时神色黯淡了。邢凯没想到张刚会这样说，于是赶紧补救说："我听说大哥的事业发展得相当好，真的让人羡慕呢！"于是同学妈妈一扫脸上的阴霾，开始给他俩讲自己儿子的辉煌事业，语言间满满的自豪感。

有时候，哪壶开了提哪壶也是力挽狂澜的沟通手段。人与人交往，很多话题都是有禁忌的，很多人不愿太多谈及自己的隐私和一些伤心的事情，所以在交往过程中，你要特别注意不能触碰到对方的痛点。尤其是当别人有缺陷或者在一件事情上无能为力的时候，一定不能随口提及，或者嘲笑挖苦，否则别人会因为你的刻薄寡情而厌恶你。那么具体应该怎样避免失言现象呢？

首先说话之前要三思。有些人说话不过脑子，想到什么就说什么。这种性格很容易祸从口出。无论说任何话，都先思考一下是否应该这样去说，会不会让对方感到不悦，会不会影响彼此之间的关系，从而再决定是否要说。

其次要多看对方的长处。有些人喜欢盯着别人的短处看，因此说话时常常就会揭短，或者说一些存在争议的东西，引起双方的不愉快，进行陷入尴尬的聊天状态。如果你能多看对方的长处，并且多进行夸奖，沟通就会朝着更好的方向进行。

最后要设身处地地为别人着想。人们常说己所不欲勿施于人，自己不喜欢谈的话题最好就不要拿来说别人。只要做到换位思考，才会避免那些让人不高兴的话顺嘴而出。

如果你想成为一个交际高手，不妨试试哪壶先开提哪壶，赞美别人的本领和从事的工作，尽量扬长避短，这样你会发现，每一个人都喜欢跟你交朋友。

第四节　一视同仁好聊天

与人交往时，如果你面对的是一个人，那么很容易就能够做到给对方足够的关注，但是当你面对的是一群人，并且都是你的座上宾，这时要让所有人都得到你的关注，感到自己受到了足够的重视，那就是一件不太容易完成的事情。

与很多人谈话时，每个人都希望你能够给予自己足够的重视，以便彰显出自己更受欢迎或者是有特殊一点的身份，让虚荣心得到充分的满足。尽管你无法将自己的时间和精力完全平均分配到每一个人身上，也不能刻意地表现出你对某个人特殊的对待，但是你在与大家沟通的过程中仍旧需要尽量做到一视同仁，对待他们的态度不能有明显的差异，否则，在这样的场合中，很容易得罪别人。

张婶家在村子里最中心的位置，平日里很总有人闲来无事来串门。再加上张婶性格开朗，很多人都喜欢跟她说话。尤其是李婶、赵婶更是家里的常客。最近，张婶家刚刚重新装饰了一番，工程完成以后，大家都想来凑个热闹，瞧瞧到底有什么新鲜的花样。

这天，来家里的人很多，有李婶、赵婶、王婶以及好几个平日里不常来的人。张婶把大家让进屋之后，大家坐在一起就聊了起来。因为与李婶和赵婶比较熟，张婶跟她俩说的话就多一些，其他人不经常在一起，一时间竟然不知道该说些什么好，于是原本是好多人的聊天，最后就变成了三个人的聊天，即使中间有几次其他人也插入新的话题，但是张婶理会之后，又重新回到与李婶、赵婶讨论的话题上。于是，其他人接二连三地离开了。

后来，从张婶家出来的那几个人在路上相遇，纷纷议论说："你看看人家那副样子，咱们去串门不是自讨没趣吗？""是呀，人家谁稀罕你了。""只当咱们几个是空气了"……张婶也发现最近怎么来家里的人越来越少了，除了李婶和赵婶没有什么新鲜的面孔，甚至走在大街上时，人们也只是有意无意地打着招呼，不再像之前那样热情了。

从这个故事中可以看出，张婶之所以会陷入这样的交际状况，她与众人谈话时没有做到一视同仁，对熟悉的人过分热情，以至于冷落了其他人，伤及了他人的自尊心。因此在与多人聊天的时候，不能所有的关注度都集中在一个人或几个人身上，让其他人没有插嘴说话的机会。否则别人就会有一种被排挤在外的感觉，尤其是多人交往时，人们对这个问题极为敏感，一旦受到冷落，心生的怨恨往往会比平时更加强烈。

与多人聊天时，选择话题非常关键。好的话题能够给人极强的带入感，让所有人都能够轻而易举地参与进来，但是不恰当的话题往往会给他人造成较大的困扰，例如你选择的话题不是所有人都感兴趣，这时有的人就会侃侃而谈，有的人就会沉默不语；你选的话题正好的其中某个人的长项，于是他一直在说，别人被动在听，你也一直只听他一个人在说，这样人们就会责怪你有失偏颇。那么，怎样才能做到一视同仁地聊天呢？

条件允许的话，与每个人都说话。当你与众人沟通时，要尽量顾及每一个人的心理。当和一个人打完招呼以后，交流要适可而止，然后再去关注其他人，这样雨露均沾，就没有人再去计较你是否注意到他，没有得到应有的尊重等。

注重与每个人的眼神交流。与众人谈话时，如果做不到与每个人说话，至少可以用眼神进行交流，就好像老师讲课一样，始终把目光看向每一位同学，大家都会觉得老师是在讲给每个人听。眼神的交流同样可以表达你对他人的关注。

尽量选择宽泛的话题。参与感对于渴望社交的人很重要。每一人都希望在社交场合中有说话的权利或者是机会。如果你选择的聊天话题范围太窄，局限了很多人的言论，他们不知道如何参与进来，这时就会感到无趣，从而觉得没有得到你的关注和公正对待。

态度热情开朗。多人在一起聊天时，人们会变得异常敏感，一句话一个态度就能伤及到一个人的心。因此当你主导一场谈话的时候，始终要保持热情开朗的态度。如果你对谁稍有冷漠，对方就会觉得你是故意为之，从而心生怨恨。因此不论是谁加入到交流中来，你都要热情相待，不让对方觉得自讨没趣。

注意自己的小动作。人体的小动作很多都能反映出一个人的内心世界。当与别人交谈的时候，不能频频扭头看向别处，这样对方会认为你对他说的话没有兴趣，从而觉得你在寻找更合适的聊天伙伴。所以倾听每一个人讲话的时候，都要做到心无旁骛，让对方感受到充分的尊重。

只有做到一视同仁地聊天，当聊天陷入尴尬的境地时，才能有力挽狂澜的本领，让沟通重新活跃起来，否则人心矛盾，很难构建起和谐的交流环境，也就使交际产生一定的障碍。

第五节 别让误会成为沟通障碍

误会在人际交往中难以避免。沟通不畅，话语理解偏差都有可能产生误会。当误会产生以后，每个人的反应是不同的。有的人感觉自己受了委屈，但是碍于面子，不想把关系弄僵，只好自己默默忍受；有的人反应强烈，认为凭什么自己要承担这样的委屈，于是打击报复对方，好让自己的心里更痛快一些；有的人从此情绪低落，觉得自己实在是太冤枉了，但是他却没有勇气去澄清，只好每天抱怨连天，彻底远离造成误会的人。事实上，这些情况都不是误会产生之后的最佳处理办法。当误解产生以后，积极地去澄清，去化解，让双方都变得明朗，从而更好地维持交往关系，这才是与人交往的正确态度，遇事就向后退缩，那么你就无法在交际场上如鱼得水。

一个南方人想要拓展公司业务，于是在网络上与一家北方公司建立起了联系。于是他决定亲自到东北一趟，默默地考察一下市场。

他到北方来并没有提前告诉想要合作的伙伴，以免会打扰到对方。他刚下火车，第一件事就想着安顿下来。于是找了一个路人问道："你好，请问这里的旅馆多吗？"

"旅馆哪，贼多，到处都是。"南方人听了，不由得紧张了一下，又问道："那好一点的宾馆呢？"对方回答："也贼多，不过没有旅馆多。"南方人只好选择了一家旅馆住下。提心吊胆一夜之后，他决定还是跟打算合作的伙伴联系一下，询问一下合作的情况，对方表示："我们公司原材料并不多，可是人手贼多，您那边提供原材料，我这边负责加工完全没有问题。"南方人稍有迟疑，回复说自己再考虑考虑吧。

他想，自己的确希望拓展公司，北方的条件也非常合适，只是社会不安定的因素还是要多加考虑，贼多的话，财产损失的可能性就大，还是要慎重一些。于是他第二天给打算合作的伙伴打电话说："我考虑再三还是不在北方投资了，社会太不安定，不利于公司发展。"合作伙伴虽然一脸蒙圈，但是也没有再追问原因，他觉得这一定是南方商人不想合作的托词。一桩很好的生意就这样被葬送了。

从这个故事中可以看出，这桩生意黄了，就是因为双方沟通上不畅，方言引起的误会没有被消除，南方人对"贼多"的原因没有加以询问，而北方人没有去打探为什么南方人会有"社会太不安定"的说法，如果双方进一步沟通一下，误会被消除，那么双方将建立起愉快的合作关系。而现在却因为误会阻碍了双方的公司发展。

生活中的很多误会都是因为对方不了解实际情况而产生的。因此当误会产生的时候，你应该寻找合适的机会去向当事人解释，将事情原本的面貌呈现在他的面前，消除误会，从而使沟通更加顺畅。

如今社会人与人的交往日益密切，人际交往成为每一个人的必修课。尤其是在职场中，人与人之间的关系更是微妙，交往的困难也会被放大，而误会也经常成为职场关系恶化的常见原因。那么，怎样避免和巧妙化解这些误会，让朋友或同事之间的关系更加和谐呢？

有误会先找自己的原因。很多人一旦产生误会，首先就会去责备对方，从而让对方以为你是故意在与他为敌，或者觉得你是一个极不好相处的人。如果你想维护好一段关系，面对误解时，先看看自己是不是有什么不妥的言行让对方误会，如果有，自己改正，然后找对方澄清；如果没有，也不能得理不饶人，而在合适的时机采用合适的手段消除对方的误会。

澄清误会要言辞恳切，心平气和。生活中之所以会因为小事产生矛盾，就是因为在沟通时双方的态度和语气都欠佳。为了避免关系再度恶化，有误会时，应该将对方约到一个合适的地方，好好地谈谈该如何解决，然后将误会彻底解释清楚。

认真倾听对方的话。当别人在向你表达观点或立场的时候，你要认真倾听，只有每句话都彻底明白才能避免误会的产生。当你向别人表达自己的观点时，你先把对方的话进行分析整理，弄清楚两个人的观点是否一致，然后再进行阐述，以免一致的观点因为表达习惯不同而产生误会。

只针对误会进行解决，不涉及其他方面的东西。当误会出现以后，不要将对方看成是自己的对立面，而是针对误会本身去解决，不能牵涉太多无关的东西，使事情的发展态势一发不可收拾。

注意消除误会的场合，最好不能再公共场合解决。当误会产生时，无论责任在谁，事情都已经产生，所以在解决问题的时候最好私下解决，以免因为面子问题让双方感到尴尬。

误会容易让人际交往陷入非常紧张的境地，它是人与人友好相处最大的障碍。一旦产生，你就要抓住时机去澄清。如果一些误会很难说明，或者是短时间之内无法证明，那你也得放平心态，将误会交由时间来证明，千万不能太过于急躁，做出不理智的事情。

PART 12

能把天聊死的话坚决不要说

PART 12 能把天聊死的话坚决不要说

第一节 嘴上快活未必真能快活

生活中,自诩"好口才"的人比比皆是,在谈论一件事情或者是争论一个问题时,他们总要比别人多说,比别人快说,甚至想方设法把对方驳倒。这类人有一个共同的特点就是争强好胜,喜欢逞口舌之快。在他们看来,只有说话占据了上风心中才能痛快。事实上,嘴上的快活并不一定能够让心里快活,很多争吵和灾祸都是源于嘴上痛快。

> 两个邻居因为一点儿小事发生了争执,于是站在大门口互相理论。争吵声引来了很多围观的人,于是大家不明所以地在旁边看着。其中一位邻居口才好,不停地为自己辩解着,连珠炮似的数落着对方的种种不是,丝毫不给对方留说话的余地。每当对方刚想要反驳,她就立马把他的话噎回去,然后讲出自己的一大套理论。旁观者因为不明白事情的真相而无法劝解,只好任由"好口才"的人随意发挥,结果可想而知,这位"好口才"的人把邻居说得一无是处,甚至还因为说笑有趣还逗乐了几个旁观者。邻居自知争论不过,气得满脸通红,只说了一句"你等着"就回屋里去了。"好口才"的人觉得对方一定是被自己给驳倒了,于是脸上露出一副得意的表情。
>
> 事实上,不善争辩的邻居积攒了满腔的怨气,丝毫没有得到发泄,心中的愤怒涌动着,就好像一座火山马上就要爆发了。他想,既然嘴上争吵不过,那就看实际行动吧。午夜来临,趁着人们熟睡,不善言辞的邻居摸进了"好口才"的人家中,把这个快嘴的邻居杀害了。

这样的灾祸并不是唯一的案例,在很多地方,因为一点小事就导致惨案发生的事情多不胜数,究其根本原因就在于其中的一方太过贪图嘴上快活,给了对方压倒性的压力,从而让其愤怒无处宣泄,最终以不理智的方式表达出来。由此可见贪图嘴上快活未必会真的快活。凡是给他人留有空间才能形成互动,这样才能更好地解决问题。

与人交往同样不能贪图嘴上的快活。所谓沟通,必须是双方相互的一个过程。如果只是你一个人自说自话,不给他人留出发言的机会,对方很快就会觉得无趣，不愿与你有更多的交流。生活中，我们经常会看到一些人高谈阔论，不停炫耀自己的好口才，对一部电影、一件小事都滔滔不绝地说个没完，如果有人请教问题，更加情绪激昂地演讲着。往往这个时候，没有人愿意听他说，甚至会看着他自说自话的样子而嘲笑他。

高阳自认为自己的口才非常好，经常抓住机会就要好好表现一番。一次，他陪领导去参加一个酒会。当领导给他介绍："这是某某公司的梁总"时，对方正要开口说话，高阳抢过话头就说："您就是梁总啊，久闻大名不得见，您的公司发展很好，希望我们能够成为朋友。你们这样的小型公司想要继续壮大，必须得跟我们这样大型的跨国公司合作……"他一口气说了很多，领导和梁总都没有说话，面面相觑，然而高阳并没有注意到对方的神情，他觉得那是他们默默地赞同了自己的观点。

整个酒会上，高阳可谓出尽了风头，走到哪里说到哪里，根本不给领导说话的机会，两人看起来就好像互换了身份，甚至还有人打趣领导说："嗨，朋友，什么时候给自己安排了一个领导呀！"领导一脸尴尬，可是高阳却一脸得意，以为对方在夸奖他的才华出众，依旧没有任何收敛。

这场酒会因为高阳的口舌之快，说了很多让人不高兴的话，甚至一些商场上的禁忌他也照说不误，领导的面子也丝毫没有顾及，只顾彰显自己了。事实上，很多人都投来了嘲笑的目光，领导感到无地自容。回到公司以后，领导不再器重高阳了，觉得他不适合与人交际。高阳也渐渐感觉到了领导的冷落，他不知道，自己表现得这样突出，怎么会起到反作用呢？

喜欢逞口舌之快的人往往争强好胜，心浮气躁。在他们心中，根本不可能出现"忍"的时候，只要心中有话，就一定会痛痛快快地表达出来，好好地过过嘴瘾。其实，很多小事就是因为这样而发生的。一方情绪激动，说出了不该说的话，另一方不甘示弱，奋力反击，于是双方情绪越来越激动，逐渐小事变大，最后一发不可收拾。

嘴上快活的人容易把天聊死，因为没有谁愿意一直倾听别人在说，而自己没有说话的机会。从而使人际交往陷入困境。那么该如何改正嘴上快活的交往大忌呢？

首先说话要学会谨言慎行。祸从口出一点儿不假，喜欢逞口舌之快的人在说话之前,一定要考虑自己的话是否会伤害到对方的自尊,自己的话是不是会对沟通不利,尽量做到没用的话少说,说出的话一言九鼎。

其次学会换位思考。沟通是相互的,每一个人都有表达的欲望和权利。在你说话的时候,要想想如果对方总说,句句都抢在前头,不占上风誓不罢休,那么你面对这样咄咄逼人的聊天对象时,还想不想继续说下去,如果答案是否定的,那么你就得学会换位思考,多为他人着想。

最后培养自己的耐性。之所以嘴快,就是因为心中的话难以隐忍,不管结果如何就是想说出来。因此你要不断地陶冶自己的情操,让自己做一个不骄不躁的人,不为一点小事喋喋不休,非得辨出个是非黑白。盲目的自我辩护看似自己痛快,最后伤害的还是自己。

第二节　急躁容易让聊天"猝死"

人们常说，凡事不能操之过急，由此可见急躁对于任何事情都没有好处。人与人交往也应该保持一个平和的心态，尤其是在劝说别人的事情上，太过急躁反而会让聊天产生障碍，甚至很快把天聊死。

夏乐是一个保险推销员，他已经干这份工作半年多的时间，但是却没有一点业绩。保险业务难以开展，这是一个有目共睹的事实，但尽管如此，仍然有很多人业绩非常突出。夏乐在这份工作上付出了很大的努力，可就是看不到回报，这让很多人感到不解。那他是怎样做的呢？

一次，夏乐去外地，在火车上遇到了一位与他同一个城市的乘客。两人都非常高兴，心想正好有人打发一下旅途的寂寞。另外夏乐也想借这个机会发展一下自己的客户，于是他开门见山地说："你现在有保险吗？"对方回答了一句："没有。"这下夏乐觉得机会来了，赶紧说："现在没保险怎么行？万一生个病什么多没保障呀？"对方有些尴尬地笑笑，不再说话了。接下来的很长一段时间，夏乐都在讲保险的好处，对方只是出于礼貌，不停地点头，但是眼睛却四处游离。好不容易等到夏乐停下来的时候，对方赶紧说："旅途实在是太困了，我先睡觉了啊。"于是对方埋头睡了，只剩下夏乐自己一脸尴尬。

事实上，夏乐每次去谈客户都会有相似的遭遇，三句话不到就被客户拒之千里之外，甚至很多时候直接吃了闭门羹。究其原因就是因为夏乐是个急性子，太过于急躁，还没等到对方彻底接纳自己就先把目的说了出来，从而让聊天猝死。

说服别人改变原有的思维习惯或者是既成的偏见是一件非常困难的事情，需要讲究方式方法去完成，特别是要注重循序渐进，这样才会给别人一个缓慢的接受过程，说服效果会更好一些。那么具体应该怎样去做呢？

首先要了解对方内心的想法，不要只顾阐述自己的观点。对方之所以会始终坚持自己的想法，原因会有很多，一方面可能就是认为自己的观点是对的，不容他人置疑，不太接受别人的新观点。另一方面，可能对方只是碍于面子在坚持自己的观点，害怕一下子放弃之前的观点而顺从他人失去了尊严。因此，当面对这种状况时，你首先要了解对方真实的想法，如果他之前的观点有可取之处，那么你就需要对其稍作肯定，让对方觉得你是跟他站在同一立场上的人，然后你再提出自己的观点，这样他就更容易接受一些。如果你不顾对方感受，只是一味阐述自己的观点，很容易在气势上给对方太大的压力，从而不愿意接受你的劝说。

其次多给对方说话的机会，观察他的心理变化。劝说别人不是参加辩论，说得对，说得多就能取胜，关键是让对方自己想明白道理。很多劝说者太过急躁，一上来就像机关枪似的说个没完没了，丝毫没给对方说话的机会。对方真正听进去多少犹未可知。高情商的劝说者往往会将被劝者的说话主动性调动起来，让他将心中的想法全部倾吐出来，或者他自己就会听从劝诫。劝说别人尽量要从说话的角色变成听话的角色，在对方说话的过程中，细心观察他的微妙变化，然后观察他的心理症结，当他心中的戒备消除以后，劝说起来就会更加容易。

劝说时要观点明确，让对方完全明白自己的意图。很多人性情急躁，还没等对方情绪稳定就一股脑儿地说完了自己的观点，甚至好像背演讲稿一样一吐为快。往往这个时候，对方没有将精力太多地集中在听话上，因为并没有完全理解你的意图，这样一来，你的劝说也就变成了徒劳。因此在劝说别人的时候，必须要层次条理清晰地将自己的观点陈述出来，以免对方不知道你想要表达的内容是什么而一口拒绝。在跟对方接受劝说内容的时候，一定要将要建议的重点和优点着重阐述，直击对方的内心，使其豁然开朗。

最后保持态度平和，要有耐性。劝说别人是件困难的事情，说不定会耗费很长的时间和精力，所以劝说者应该做好充分的心里准备。不能因为对方一时不听劝就彻底放弃，这对你的社交是没有好处的。如果你想成为一个会说话的人，就要接受各种各样的挑战，不给自己的交际设置障碍。

急躁在人际交往中是一个不好的习惯，很容易让聊天猝死，这对个人发展很不利。因此我们说话要掌握循序渐进的原则，保证自己能把天聊死的话坚决不说。

第三节　太过捍卫自己的观点不可取

　　有些人性格执拗，太过于好面子，一旦自己说出的观点就很难改变，即使这个观点大多数人都不赞同，他依旧会坚持。他的人生信条往往是这样的：我说的话就是对的，不容置疑。只要有谁质疑反驳，他就拼尽全力去捍卫，甚至不惜与所有人对立。事实上，这种做法是不可取的，一个人捍卫自己正确的观点无可厚非，但是世界上很多东西本身就难分对错，没有一个肯定的答案，如果你在这类问题上太较真，你就会被人认为是一个固执的人，甚至被人们说成是一个爱唱反调的人，不愿意与你相处。

　　大一开学，华华、琳琳、丹丹就住在了一个宿舍，因此她们总是结伴同行，看起来非常要好。可是一段时间之后，她们三个人的队伍就解散，华华变成了形单影只的一个人。事情之所以会发展成这样，原来是因为华华的个性太过于自我，只要是自己的观点，不论对错都始终坚持，根本无法跟他人融合起来，所以在朋友眼中，她总是在跟别人唱反调，于是渐渐关系就疏远了。

　　一次，华华、琳琳、丹丹三人结伴去买衣服。琳琳看上了一件裙子，正好有黑白两种颜色。琳琳试穿以后，觉得这两件衣服都不错，一时间没了主意，不知道该选择哪件好。丹丹说："我觉得白色好看一些，看上去清爽凉快。"可是华华却说："买黑色吧，耐脏还显得皮肤白一些。"丹丹听了这样的建议，更是无从选择，最后售货员也建议她买白色，有几个同样在买衣服的人也建议白色，于是琳琳决定买上白色的那件。可是华华却因此而心生不悦，大声地说："明明是黑色的好看，你却偏偏选白色，真不知道你们是怎样的审美观。"丹丹听了也不高兴，反驳说："大家都说白色好，你就非得说黑色。"华华生气地说："我就觉得黑色好，不听我的意见算了，你们自己逛吧，我回学校了。"因此愉快的逛街就这样不欢而散了。

　　类似这样的情形有好多次，每次华华的观点都不容别人反驳，最后闹得大家都不愉快。渐渐地，人们为了避免不愉快的产生，做事情开始疏远华华，华华因此成了众多人眼中难以相处的人，没有人愿意跟她交往。

　　由此可见，太过固执己见，容易在交际圈中树敌太多。一个高情商的人势必懂得运用妥协的艺术,当自己的观点与大多数人不统一的时候,如果对自己的利益没有损害,甚至能够促进自己的人际交往,适当地做出观点上的让步也是一种明智的选择。当面对这种情形时,太过捍卫自己的观点,受害的只有自己。

小郑是一个性情比较随和的人。在朋友圈中也很受欢迎。一天,朋友聚会,大家谈起了抽烟喝酒的事情,有的人说:"人人都说抽烟有害健康,但是我看对身体也没有什么大的影响,你看看很多长寿的人都在抽烟,那该怎样解释呢?"大家没人说话,小郑说:"那只是个别的例子,抽烟影响肺部健康,在很大程度上能够缩减人的寿命,所以人们最好还是把烟戒掉。"听到缩减寿命,在场很多抽烟的人都有些不大自在,于是赶紧说:"别在这里危言耸听了,你不抽烟才这样说吧?"于是小郑开始给大家讲尼古丁的危害,可是没有一个人愿意听。虽说小郑很想捍卫自己的观点,但是他知道如果这样说下去,一定会让聊天氛围变得异常尴尬。于是为了缓解争执的气氛,小郑说道:"算了,别再讨论这些事情了,反正大家多注意自己的身体健康就好,来吧,下一个话题。"于是大家又开始吃饭,不再纠结于刚才的事情了。

在这个问题上小郑是对的,但是他并没有据理力争,因为这是朋友聚会,不是辩论赛,非要争出个高低胜负,如果小郑非要把所有人都驳倒,那等待他的结果只有一个,那就是聚会不欢而散,从此他成为别人眼中爱较真的人。这对小郑来说完全没有好处。所以,与人相处,没有必要太过捍卫自己的观点,完全没有必要在一些无关紧要的问题上树敌,给自己的交际设障。

与人交往最忌讳的事情就是事事争强好胜,让别人听从自己的观点,即使你观点是正确的,这种态度也不可取。无论做任何事情都要给对方留有余地,如果你的态度太强势,非要把对方逼到绝路上去,那么别人就会疏远你。

如果你存在这方面的说话习惯,那么想要成为会说话的人就必须要学会稍作妥协,懂得如何去尊重别人的观点。因为很多事情原本没有对错,如果你非要捍卫自己的观点,那生活就变得没有乐趣可言,自己也会高调地变成孤家寡人。

第四节 谨慎他人的"逆鳞"

与人聊天有很多禁忌,一旦触碰到,聊天就会戛然而止,因此高情商人在交际场上从来都谨言慎行,不会违反交往禁忌。什么是交往禁忌呢?那就是别人的"逆鳞"。每一个人的成长经历不同,身上或多或少会有自己的弱点和缺陷,甚至是一个痛苦的经历。他们把这些让人伤心的事情小心翼翼地藏起来,看成是自己的伤疤,不允许他人去触碰,在社交场合也极力隐藏和回避。

然而很多人在交际场上太过于随便,只要自己高兴,想怎样说就怎样说,完全不懂得尊重对方。甚至还把揭人家短处当成是一种乐趣,殊不知给对方造成了很大的损害。这样做的结果对自己的人际交往非常不利,轻则对方生气,从此与你疏远,重则对方恼羞成怒,双方闹得不可开交。

小杨是个非常刻薄的人,经常喜欢拿别人开玩笑。因此同事们都不太喜欢他。但是同在一个公司上班,大家也不想把关系弄得太僵,因此才不太跟他计较。但是小杨好像丝毫都没有体会到同事们的忍让,总是随自己高兴,想说什么说什么。

一天同事们聊天,针对同事小张的一个错误数据展开了讨论。大家纷纷打趣小张:"没想到你怎么一个聪明的人居然还会犯这种错误。"小张不好意思地笑了笑,没有生气。小杨接着说道:"依我看呀,咱们部门要是评选一个糊涂大王的话,小张一定能当选。"小张笑着反驳道:"你也比我强不到哪里去。"小杨又说:"我可比你强,从小我妈妈就教我做事认真,哪像你呀没人教导。"听了这话,小张一下子愤怒了,严肃地警告小杨:"行了,说话别太过分啊!"原来小张从小就父母离异,是爸爸一手带大的,他最怕别人提他没有妈妈的事情。小张平日里为人和善,开什么玩笑都不会生气,小杨觉得小张根本不会真的跟他生气,于是戏谑地说:"哎哟,生气了?你不爱听,我偏要说。"话音刚落,小张一拳打在了小杨的脸上,二人扭打在了一起。

事后,小杨还感到非常纳闷,为什么这样一个好脾气的小张会那样情绪激烈?

PART 12　能把天聊死的话坚决不要说

事实上，没有妈妈就是小张的"逆鳞"，而小杨口无遮拦正好触碰到了人家的痛处，从而使小张忍无可忍，对他大打出手。

被人揭短是一件让人难以忍受的事情，无论对方性情怎样和善，品德多么高尚，只要触碰到他的禁区，他就会觉得自己受到了侮辱，然后努力以各种方式寻求一种心理上的平衡。所以在与人聊天时，要讲究说话艺术，千万不能触碰到对方的痛处，只有这样才能维持良好的交往关系。不仅如此，说话喜欢揭短的人往往不受大家的欢迎，甚至被人质疑品质问题。表面上看，喜欢揭短的人嘴上痛快，但是实际上，他却是不断地再给自己的人际关系设障，甚至给自己的人生设障。

公司人事变动，总经理被调任到别的公司，副经理升任总经理，于是副经理的职位有了空缺。领导想从部门中挑选一个业务能力强的人来填补这个空缺。大家觉得小周和小李是最合适的人选。他们两个也自认为实力相当，于是两个人在工作中处处较劲，领导觉得这是一个促进工作效率的好方法，于是就在暗中观察。希望两人都能够用足全力来工作。

然而随着时间的推移，小周和小李两个人努力的方向有些跑偏了。他们两个人为了给自己拉拢更多的支持，不惜互相揭短，互相拆台，尤其是在临近任命的时候，更是到了无以复加的地步，只差二人大打出手了。

这些情况领导都看在眼里，觉得这样的心胸实在不适合管理公司。于是任命那天，领导出人意料地任命另外一个人担任了副经理，而小周和小李都无缘这个职位。领导告诉他们，作为一个管理者不仅要有过硬的工作本领，同时还应该有良好的品德和人际关系，同事之间相互拆台，为了自己的利益不惜触碰他人的痛处，这都是不应该的。小周和小李一时间无话可说。

正所谓嘴下留情，脚下的路才好走。与人交往时，不要随便去触碰别人的逆鳞，别人才会对你尊重，同时也不会去戳伤你的痛处，双方相处才能相安无事。因此，当你接触的是一个不熟悉之人时，你首先要做的就是对其进行简单的了解，从而找到对方的"逆鳞"，然后在谈话中刻意避免，这样可以有效防范祸从口出。

第五节　不要轻易戳破别人的小心思

不同的人有不同的性格，有的人老实肯干；有的人喜欢炫耀，往往喜好耍一点小聪明，以便吸引大家的目光，赢得赞赏。可是喜欢耍小聪明的人常常是情商并不高的人，小心思一眼就会被人看穿。如果与你交往的人恰巧是这样一个人，如果对你没有影响，大可不必戳破他的小心思，以免遭到他的记恨，让你们的交往陷入尴尬的境地。

小高是一个自认为非常聪明的人，办公室里的事情什么都知道。因此他经常成为办公室八卦的来源。有时候，人们会打趣他："小高，你的消息真灵通！"或者说："小高，你真是太聪明了，这些事，我们怎么没看出来？"听到这样的夸奖时，小高总是暗自高兴，他不知道同事们的夸奖声中暗含着多少言外之意。

小高公司的经理虽然是一个中年妇女，但是仍旧很有少女情怀。她最喜欢的东西就是kitty猫。办公室里摆放了很多Kitty猫的东西，粉嫩嫩的，一点也不符合办公的气氛，慢慢地，公司的人都知道了她的这个喜好。

一次公司宴会，经理想多与员工们接触接触，方便日后的任用。员工们都知道这一点，都想借这个机会与经理亲近一些。宴会刚开始，小丽就穿着一身粉色的Kitty猫衣服亮相了。大家一看就明白她的用意，但是谁也没有说出来。当然，她的这身装扮很快就吸引了经理的目光。经理走到小丽的跟前，夸奖道："这身衣服真漂亮。"还没等小丽说话，小高就开口了："当然了，小丽知道你喜欢Kitty猫，她是特意穿给你看的，对吧小丽？"小丽的脸涨红了，尴尬地笑了笑，不知道说什么好，因为她看见经理的脸色也不是很高兴。事后，小丽每次跟别人谈起小高都咬牙切齿，大骂他是个自以为是的家伙。

小高不仅对别人的厌恶视而不见，甚至喜欢戳破别人的小心思，已经到了不惜一切的地步，每当他看穿别人的小心思，不论对方在不在意，都会毫不顾忌地戳破，不仅让别人很没面子，同时还给自己招来无数的指责。

同事们郊游时，闲来无聊玩真心话大冒险。同事们提前把问题写在题板上，输的人就按顺序回答题板上的问题，如果实在不想回答，自己挑选也可以。前几位输的人都按照顺序回答了问题。轮到小宁的时候，题目正好是"我与另一半最幸福的事情。"小宁的妻子去年因为车祸离开了,他为此痛不欲生,所以同事们在他面前很少提妻子之类的事情。这次游戏的题目是小高出的,他并没有考虑到这一点。于是小宁说,我换个题吧,同事们都故作轻松地说:"换吧!"其余的话没再说什么。原本以为事情就这样过去了,可是小高突然开口了:"小宁,我知道你是不想提妻子的事情,可是事情已经过去这么久了,你别再在意了。"话音刚落,在场的人瞬间石化。气氛一下子变得凝重,小宁难以抑制悲伤的情绪,起身走了。同事们纷纷指责小高不应该把小宁的心思说出来,可是小高却不以为然:"这本来就是事实啊!"因为这件事,小高遭到了所有人的厌弃。

职场就是一个名利场,人们为了各种目的经常会用一点小心思,那么如果我们身边有一些爱耍小心思的人,我们该如何去做呢?

如果对方的小心思都花在自己身上,对别人的工作和生活没有影响,我们大可不必戳破。例如有人可以讨好领导。当领导在场的时候就表现得异常勤快,等领导走后,工作就有所懈怠,但是对于别人并没有影响,因此面对这种情况,你最好不要戳破对方的心思,体谅他为自己的发展而做出的努力。

如果对方的小心思都花在他人的身上,工作中邀功请赏,遇到错误就开始推卸责任,特别在同事面前和领导面前阳奉阴违,经常耍小心思致使领导对同事不满,这时你就不能处处忍让,应该在合适的时机拆穿他的心思,以便维护自己的利益。

如果别人的小心思只是一场误会,这时你就应该约他到一个地方敞开心扉地谈谈,解除误会,以免影响到之后的相处。

总之,在人际交往中每一个人都可能会有一点小心思,都是为了自己能够有个更好的发展。因此当你看穿别的人小心思时,只要对自己的利益无碍,就适当地装傻充愣,给别人留有一定的颜面,这样也不会招人记恨,你们之间的交往也会保持一个良好的状态。

PART 13

选择恰当的方式办事才会让人更舒服

PART 13　选择恰当的方式办事才会让人更舒服

第一节　灵活办事，困难迎刃而解

综观古今中外的成功人士，你会发现他们有一个共同的特点，那就是头脑灵活，办事时懂得变通。一个懂得变通的人在遇到困难时，往往会想各种各样的办法来解决，然后从中选择一条捷径来走，这样就极大地提高了办事的成功率。

李峰刚刚从经贸大学毕业，每天在自己的城市兜兜转转找工作，但是始终没有找到一家称心如意的公司。更让他感到气愤的是，一家实力雄厚的公司居然说："你的成绩的确不错，可是我们公司现在不缺人手，如果你不嫌弃就暂时做做安保工作，将来有合适的机会再给你安排。"这种说法李峰完全不能接受，自己好歹是一个大学生，居然去做安保，传出去还不得让别人笑话死。他感到非常灰心，于是想回老家几天散散心。

回家之后，他把自己找工作的事情告诉了妈妈。妈妈轻轻地安慰道："没关系，工作慢慢找吧。咱们先去山上转一圈，你不是想吃山上的野果吗？"他们上了山以后，发现采野果的人特别多，于是妈妈说："咱们别在这里挤着采野果了，那边有很多野生木耳，我们采些木耳到集市上卖吧。"一会儿工夫，他们就采了很多野生木耳。之后妈妈就把木耳拿到集市上去卖，回来的时候，手中拎了好多李峰想吃的野果。李峰忙问："这野果是哪里来的？"妈妈笑了笑说："用卖木耳的钱买的，还余下好多钱呢。"之后，妈妈语重心长地告诉李峰："有时候，你想要的东西并不一定能够直接到你的手中，你得学会变通，只要目标不变，换一种思维去得到也是可行的。甚至比直接得到对你更加有利。"

晚上，李峰把妈妈的话好好地琢磨了一遍，认为凡事懂得变通才会离成功更近一些，如果人人都想着走捷径，很可能就会在通往成功的路上被挤死。后来李峰接受了那个安保的工作。后来，他的才能终于被领导发现，他实现了自己的工作理想。

很多人在办事的时候，都喜欢讲究原则，就好像李峰一样，觉得大学生就应该做与大学生相匹配的工作，受到这种观念的束缚以后，他就会陷入到一个停滞不前的状态。这时候，唯有懂得变通，才能找到新的出路，

到达成功的彼岸。

想要灵活办事，变通的能力非常重要。这种能力不是与生俱来的，它需要你后天不断地学习锻炼，才能得到显著地提高。那么具体应该怎样去做呢？

学会打破约束。有些人生活中规中矩，每天按照既定的步骤生活，仿佛给自己划定了一个生活范围。这种人通常不懂得变通，认为"我的人生就这样了"。其实每一个人的未来都是没有定数的，无论是在工作还是生活中，只要你敢于打破约束，很多困难就会迎刃而解，或许你就可以获得不一样的成功。

培养面对变化的勇气。很多人应变能力很差，一旦环境变化就会感到不适应，甚至被环境打败。一个人如果想提升自己的变通能力，首先就得培养自己应对变化的勇气。只有在遇到变化时能够保持镇定平静的情绪，这样才能清楚地知道如何去变通，甚至当什么不可控的事情发生时，也不会不知道如何应对。

懂得借助外部力量。如今，社会形势复杂多变，各行各业竞争激烈，如果你想单纯凭借自己的努力就获得成功，那是一件极其困难的事情。尽管个人努力很重要，但是适当地借助外部力量更加重要。灵活地借助外力可以达到事半功倍的效果，从而更好地实现自己的目的。例如你要建造一座房子，如果自己设计、建造或许会耽误很长时间，自己不能挣钱不说，房子还歪歪扭扭。如果你请一些专业的人来建造，几天工夫也就完工了，而且漂亮结实，钱也不会多花，同样达到了你想要的目的，自己还省时省力。

调整自己的思维。人随着年龄地增长，思维就会逐渐趋向于定势，这就是为什么老年人在看问题时思维不是太灵活。而年轻人变通的能力会好一些。如果你想提高自己的应变能力，就必须要对自己的思维进行调整，遇到事情多变换几种方式，这样你才能知道怎样处理事情会更好一些。

不断挖掘自己的潜能。人有很多能力是自己都没有察觉的，这些能力一旦被挖掘出来，人们在面对问题的时候就会有更多种解决的可能。如果

PART 13 选择恰当的方式办事才会让人更舒服

你想让自己的能力提高,在面对问题的时候,就要试着去看看自己有哪方面的天赋,不断地发现和利用,从而让自己越变越好。

一个懂得变通的人,做起事情来就会非常灵活,往往能够找到通往成功的捷径,所以想要成为一个会办事的人,首先就得让自己的头脑灵活起来,这样你在生活中就会所向披靡,任何困难都会迎刃而解。

第二节 学会求人，让对方难以说"不"

人不能独立生存于社会，当面对自己力所不能及的事情时往往需要别人的帮忙才能完成。一个人的能力有限，因此求人是经常需要面对的事情。有时候，求人办事会给对方带来一些麻烦和困扰，所以如果关系不是很好的话，往往会找各种理由拒绝。然而你的事情又不能不办，所以如何求人就成了人人都想学会的秘籍。求人是一门艺术，如果你能够掌握其中的奥妙，那么求人时，对方就很难拒绝。甚至有时即使心不甘、情不愿，也会帮助你达到你想要的目的。

李先生有事情想托詹先生帮忙，送了好几次礼物，詹先生都没有收。这让李先生很是为难，一时间不知道该怎样办好。因为这件事情李先生感到非常困扰，整天愁眉不展。一天晚上，他一边吃饭一边琢磨事情，突然就对着妻子笑了起来。妻子感到莫名其妙，慌忙问道："你怎么了？"李先生说："你与詹先生的妻子是不是认识？""算是认识吧，玩过几次牌。"妻子回答说。于是李先生让妻子多与詹先生的太太联络联络感情，好帮助自己把这件事情办成。

后来，通过相处，李先生的妻子和詹先生的妻子建立起了很好的关系，于是就拜托了她这件事情。詹先生很尊重自己的妻子，听到自己妻子和李先生的妻子是好朋友时，很爽快就答应了帮忙。李先生的事情很快得到了解决。

由此可见，求人帮忙必须要讲究方式方法，有时候直接去求人倒不如采取一些迂回的手段效果会更好一些。如果你想要求人成功，让被求者难以说"不"，那么你就应该学习求人的策略，让自己的所有要求都能够得到满足。

博得对方的同情。当你需要人帮忙的时候，首先让将自己的姿态放低，去博得对方的同情。通常的时候，如果自己需要帮忙是自己的原因造成的，例如不努力干活，生活无以为继；没有才干，造成就业困难等，这些通常都不会博得对方的同情。因此在向对方阐述的时候，一定要强调外在因素导致自己的无助，不让对方产生"你是咎由自取"的想法，对方就会出于同情帮助你。

抓住时机求人。求人办事是否成功与时间有很大的关系。一般来说，求人帮忙会给被求者带来很大的压力，时间越紧迫，对方的压力就会越大，就越容易拒绝你。因此当你有需要的时候，要及早地提出来，好让对方有考虑的时间，从而做出帮助你的准备，因此，临时抱佛脚对于求人来说是一个不好的习惯。

加强被求者的责任感。当你需要人帮忙的时候，要尽量表达出自己的无奈，表明自己除了求他再没有更好的选择。这时被求者很可能就会感觉到责无旁贷，即使不太情愿，有时也会给你一点面子。但是如果你让对方觉得除了他，你还可以请求更多人的帮助，这时他感到身上的责任感相对就会弱一些，拒绝你的可能性也就会高一点。

关注被求者的情绪。大多数人认为，当对方心情好的时候向他提出要求，这时对方很容易就能接受，但是事实上却并非如此。有时候对方情绪非常高涨的时候，反而不希望别人给自己添麻烦打扰了自己的兴致，这时你提出比较棘手的问题，对方很容易拒绝。相反，当人情绪稍显低落的时候，帮助人的兴致会稍浓厚一些，如果这时提出要求，对方觉得不是很难办就会爽快答应，以期从帮助别人中寻找到快乐。但是当对方心情非常沮丧的时候，没有心思帮助任何人，你再提要求只会为其徒增烦恼，甚至引起别人的反感。因此，当你有求于人的时候，要注意考虑对方的情绪，如果对方情绪比较激动，这时就不是提要求大好的时机。

给对方一定的好处。俗话说"吃人的嘴软，拿人的手短。"如果你有求于人，可以提前给对方一定的好处，这种好处有很多种，但无论是什么，只要对方接受了通常就会觉得欠了你的人情，从而不好意思拒绝你。如果事情在他力所能及的范围内，他就一定会答应给你帮忙。

消除对方的戒备心理。当你向别人提出要求的时候，有时会给被求者带来很大的困扰，帮助你以后，很可能就会给自己带来较大的影响，甚至他会觉得，帮助你以后，会形成你强我弱的局面，从而心存戒备。如果在你求人的时候存在这种可能，那么首先就要想办法让对方消除戒备，将帮忙的事情单纯地看成是对你的一种帮助。只有不存在羡慕、嫉妒等情绪时，对方才会心甘情愿帮助你。

当你在求人时，能够考虑到各方面的因素并且遵照这些方法去做，这时，对方面对你的要求时往往难以说"不"。

PART 13 选择恰当的方式办事才会让人更舒服

第三节 事情成不成，时机很重要

一个人办事是否能够成功，时机起着非常关键的作用。时机不对，无论你如何努力，事情都不会像你预想的那样顺利，但是一旦你抓住机遇去办事，事情往往就会水到渠成。因此想要成功的人，要耐心地等待时机，当机遇出现在自己面前时，要牢牢地抓住，这样你就得到了成功的捷径。

秦末农民起义轰轰烈烈，最先掀开序幕的是陈胜吴广起义。公元前210年，秦始皇因病去世，宦官赵高借伪造遗诏，将秦始皇的儿子胡亥立为皇帝。事实上，这个皇帝只是一个傀儡，真正的大权就掌握在赵高的手中。秦朝廷对人民实施残酷的压迫和奴役，大规模地征发贫苦农民去服兵役。公元前209年7月，秦朝廷征发陈胜、吴广等900多名贫苦大众去戍守渔阳。然而在去往渔阳的路上，遇到了大雨，道路被破坏，因此而耽误了行程，无法按照预定的时间到达。按照当时秦政府的法律，延误服役日期一定会被处死。

这样的境遇让陈胜、吴广感觉绝望，他们想反正去了也是送死，倒不如揭竿起义，反对暴秦统治。百姓们也早就不满残暴统治，对胡亥二世的朝廷又看不到未来，于是纷纷响应。陈胜、吴广抓住时机，发动被征的百姓，杀掉了押送他们的秦朝军官。用锄头、木棍作为自己的武器，掀起了武装起义。之后队伍得到各个地方百姓的响应，不断扩大，从根本上动摇了暴秦的统治，为之后项羽、刘邦灭秦创造了便利的条件。

试想，如果不是陈胜、吴广抓住机遇起义，那么他们就不会取得如此大的成就，早在被押送渔阳之后默默处死。因此事情成功与否，关键在于对机遇的把握。然而很多人性格使然，当机会摆在面前时，不懂得勇敢把握，最后与成功失之交臂。

唐代诗人孟浩然一身才学，满腔报国志向无处发挥。事实上，这与他不懂得抓住机遇有着很大的关系。相传，孟浩然到大诗人王维家做客，唐玄宗忽然到访。这原本是一个展现自己才华的绝佳机会。很多人想面见皇帝却不得见，如今有这样的机会更应该好好把握。可是孟浩然却一时胆怯，慌忙躲藏起来。

见到唐玄宗以后，王维将孟浩然在做客的事情据实禀报。唐玄宗非常高兴地说："我早就听说这个人富有才华，如今有这样的机会，一定要见见。"于是命令孟浩然出来相见。这样的机会千载难逢，如果这时孟浩然施展自己的才华让皇帝开心，自然就会顺理成章地得到重用。然而孟浩然出来以后，竟然不懂得把握机遇，偏偏吟诵了一首哀怨的诗，其中有一句是"不才明主弃"，唐玄宗听了很不高兴，说道："是你自己一直没有做官的想法，朕何曾抛弃过你，你为什么要污蔑朕呢？"于是孟浩然被放还，终其一生都没有受到重用。

很多人以为，懂得抓住时机是一种与生俱来的本领，就好像人天生懂得思考一样，但事实并非如此，只要用心学习，任何人都可能很好地掌握这一项本领。那么我们如何去做才能成为一个懂得把握时间，能够巧妙抓住机遇的人呢？

明白掌握时机的重要作用。很多人之所以不懂得去抓住时机，关键就在于不看重时机的重要性。很多事情会顺利发展就是因为选择了合适的时机，然后事情朝着更加有利的方向发展。因此，如果你想成为一个能够利用时机的人，就要经常告诉自己时机的重要性，从而对身边的事情多加留意，以免机会在不经意间溜走。

不断提高自己的预见能力。人们经常说未来是一个未知数，根本难以预测，事实上，未来的很多事情都是从现在发生的事情所演变去的，所以从现在的事情发展状况，很可能会预见到未来。因此不断提高自己的预测能力，就有可能掌握未来发展的大好时机，通过工作进度或者是事情的发展状态，预见机会可能出现的时间，从而准确掌握，减少不必要的麻烦，这对未来都会有很大的帮助。

时刻告诫自己不要冲动行事。机会总是留给有准备的人，通常来说，善于抓住时机的人大多心平气和，波澜不惊，这样对时机的辨识才更加明确。有些人情绪容易激动，一言不合就变得愤怒，一件事比不过别人就产生嫉妒的心理，这时即使时机来到你的身边，你也因为忙着自己的情绪而无法掌控，最后与之擦肩而过。

做事不能急躁。俗话说"欲速则不达"，很多人一旦决定要做一件事

PART 13　选择恰当的方式办事才会让人更舒服

情,就开始着急地筹备,丝毫不管时机是否正确,结果处处遇到困难,事情办起来非常吃力。因此在办事时,不能太过急于求成,要对身边的状况多加留意,运用智慧细心观察,从而在时机到来时一举将事情办成。

学会站在旁观者的角度去看待问题。一般人在处理事情时,都是当局者迷,即使时机就摆在自己的眼前或许也看不明白。所以当你办一件事情的时候,应该学会站在旁观者的角度去审视问题,这样你对事情的概况就会掌握更加清晰,从而能够更好地去掌握机遇。

耐心等待时机,掌握好到来的时机,对于每一个人办事都非常重要,尤其是年轻人,血气方刚,身上有种敢闯敢拼的精神。总是凭借着一腔热情去做事情,以为只要自己有才学,有能力就一定能够理所应当取得成就。可事实并非如此,时机不对就很容易遭受挫折,这时或许就会有人感到灰心丧气,甚至愤世嫉俗,抱怨社会的不公平。因此在你想有所成就的时候,最好给自己做好规划,然后寻找合适的时机。一旦时机到来,牢牢抓住,这样你才能更快地走向成功。

第四节 亮出你的感情牌

人们在办事时经常从情、理两个方面出发。很多时候，感情甚至会强过理智，在求人帮忙时，亮出感情牌好像更容易实现。人与人之间的感情非常复杂，所以能够利用的感情也多种多样。

有的人求人善于博得别人的同情。人人都有恻隐之心，每当看到别人遭遇不幸或者是生活不如自己，就会心生怜悯，从而就想要去帮助对方。如果这时，你向他提出要求，人性使然，他一定会答应你的。所以善于利用同情心的人，在求人时，往往会做出一副可怜样子，尤其是女人，更善于用眼泪博得同情，最后使求人之事轻而易举地实现。

一家公司因为面临严重的经济危机，所以决定裁员节流。为此，公司制定了新的业务标准，只要业务不达标的员工，通通补贴一定的薪水，辞退回家。刘兰是公司最底层的员工，平时只干一些保洁的工作，如今公司遭遇危机，她被辞退回家是在所难免的。这件事情让刘兰十分着急。

公司命令下达以后，她看见自己在辞退者名单中，于是就去了经理办公室。她对经理说："经理，能不能继续让我在公司里干？我家确实有困难。"经理冷冷地说："大家都这样说，谁家没有困难呢？现在公司正在关键时期，如果顾及你们每一个人的困难，那公司就难以维持下去了，你们也得体谅公司。"之后，刘兰没再说什么。

回到家之后，刘兰左思右想不能失去这份工作。自己一个女人家，又没有什么文化，社交能力又弱，到哪里去找一个能维持生活的工作呢。于是第二天一早，刘兰就带着孩子在去公司的路上等着，等到经理的车刚一出现，刘兰就把他拦了下来。

刘兰一把鼻涕一把眼泪地向经理诉苦："几年前，我就离婚了，独自带着孩子生活。因为有了这份工作，勉强才支撑着家用和孩子上学的费用。如果我现在失去这份工作，我们娘俩就无依无靠了，我平时工作也尽心尽力，保洁工作总要有人做。所以经理，看在我们可怜的分上，您就别辞退我了。"经理觉得她说的确实是事实，就答应了她，刘兰她就保住了自己的工作。

PART 13 选择恰当的方式办事才会让人更舒服

有的人善于利用双方之间的情感。有的人在有求于人时，并不直接说自己的请求，而是先联络感情，例如朋友之间，就先谈这些年的交情，当双方建立起情感上的共鸣，感觉多年朋友实在不易，这时，求人者就会借机提出自己的请求，而在这种情况下，被求者即使心中不愿意，也会碍于情面答应，因为一旦不答应，刚刚吹捧的友情就会变成虚情假意，岂不是自己打自己的脸。

最近，程雨看好了一个投资项目，觉得一定有发展前景，于是想要自己包揽下来试试。可是资金让他感到非常头痛。最近几年，金钱交道难打，借钱是一个非常敏感的话题，很多人就是因为借钱反目成仇，朋友也没了。

尽管程雨不想面对这样的情况，但是他也不想错过眼前的好时机，于是他决定试一试，就当借钱是一个试金石，看看自己与朋友的友情是否经得起考验。

一天，他打电话给几个朋友，请大家出来聚一聚。于是大家应邀来到饭店。刚开始程雨并没有一下切入主题，只是单纯地吃饭喝酒。酒过三巡，大家都开始怀念过去在一起的时光，那时候，各自都没有家庭，每天待在一起，那种感觉到现在也怀念不已。就在大家纷纷发表感慨的时候，程雨说："哥几个，兄弟现在有一个难处希望你们帮忙。"大家正情绪激动，于是都慷慨地说："什么事？说吧，只要兄弟们能帮到的绝对不推辞。"于是程雨把看好项目想借钱的事情说了一遍，有几个条件好的朋友立马答应，其余几个条件不好的看大家都答应帮忙，其中一个说："兄弟，其实我现在的经济状况也不是很好，可是既然你现在遇到了难处，我们都是朋友，我也只好鼎力相助了。"于是一顿饭的工夫程雨就筹集到了自己需要的数目。他对朋友们的帮助十分感激。

由此可见，感情牌是求人的制胜法宝。试想，如果程雨没有先在饭桌上跟朋友沟通感情，而是直接挨个儿打电话借钱，或许结果会有很大的差距。有时见面三分情，面谈本身就会使双方之间的感情更加亲密一些，再加上朋友之间都相互顾及颜面，即使有谁原本不愿意借，看见别人都借，他也不好意思拒绝，最后，程雨的事情就办成了。

不过，感情牌的使用有一个很重要的前提，那就是要进行一定的感情投资。无论是亲情还是友情，平日里都要注意维护。感情只有建立起紧密

的联系才会更加牢固。如果"平时不烧香,临时抱佛脚"相信没有人会愿意主动帮忙。所以一个人的人际交往非常重要,方便的时候打电话与朋友们常联系,不仅能够维持原有的交情,同时也可能拓展自己的朋友圈。更重要的是,当你需要帮助的时候,你能够打好一手漂亮的感情牌,这对你的生活和事业都会大有助益。

PART 13 选择恰当的方式办事才会让人更舒服

第五节　众人拾柴火焰高

在过去，人们过着自给自足的生活，所以单打独斗的生活方式极为常见。但是随着经济的发展，社会化程度越来越高，分工越来越细，人与人之间的联系就更加紧密，很多事情依靠一个人根本无法完成，这时就必须要依靠大家的力量。俗话说"众人拾柴火焰高"，只有将众多的力量调动起来，办事成功的可能性才会更大。

在一条泥泞的道路上，一辆汽车不小心开到了一个路中间的小泥坑中，一时间车子被困在那里。

这条路原本就非常狭窄，平时勉强能并排通行两辆车。现在有这样一辆车堵在中间，自然道路就无法畅通了。司机非常着急，一个人使劲打火也无济于事，后面的汽车一直鸣笛，更让他不知如何是好。就这样，这条路上拥堵了长长的一排汽车。

没有办法，司机只好让车中的两个人下来推车，可是泥坑湿滑，车轮光是转动洒出泥污，根本就没有向前动的痕迹。面对这样的状况，司机本身就很恼火，听到旁边人质疑自己的开车技术就更加生气，大声地说道："有什么可看的，开车就这水平，等着吧，等我们推出来你们再走。"众人一脸不高兴，各自回到自己的车里坐等。

然而被困的汽车怎么也不动，两个人的力量根本无法推动这一大铁壳子。于是车上的一个人说道："这种情况哪能行呢？要不请大家来帮忙吧。"于是他走到后面的汽车跟前，跟大家说："我们的车子困在小水坑里面了，大家帮忙推一推吧，咱们大家都急着赶路，如果你们不帮忙，咱们都得在这儿耽误时间。"大家想想也是，于是急着从自己的车中下来，帮忙推车，尽管大家都弄得满身泥污，可道路畅通了，也都松一口气，开心地把车开走了。

由此可见，无论办什么事情，选择恰当的方式才能顺利地完成。当一个人的能力没有办法达到目的的时候，就要想办法调动众人的积极性，只有大家共同出力，事情才能朝着更好的方向发展。那么要想学会办事时依靠众人的力量，你应该怎样去做呢？

首先要注意建立起良好的社交关系，只有别人愿意帮你，你才能借助众人的力量。一个好汉三个帮，朋友之间的帮助在生活中具有非常重要的作用。因此在日常生活中，你要注意建立自己的社交关系，让自己多一些朋友，这样当你有求于人的时候，人家才会乐意给你提供帮助。平时不烧香，临时抱佛脚，这样的办事方法不利于自己的发展。例如好多年都没有联系的朋友，你突然开口要向大家借钱，大家对你的情况一无所知，根本信不过你，所以很可能会直接拒绝你。但是一个日常注意维护朋友关系，有着很强交际能力的人，一旦有需求，众多朋友都会积极帮忙想办法，从而使事情迅速解决。

其次要看重众人团结的力量。有首歌叫作《团结就是力量》，强调人多力量大。有时候，一个人的力量是微不足道的，同事、朋友之间相互合作，群体的力量就会无法估计，从而不断战胜客观环境所造成的困难。所以一个人要注重团结的力量，始终与跟自己目标一致的人站在统一的战线上，愿意给别人贡献一份力量，也乐意接受别人的帮助，不断进取，从而获得更大的成功。古往今来，伟大的成功者都不是依靠单打独斗而功成名就，他们的身边始终围绕着成千上万的追随者，才成就他们的地位。例如刘邦曾经说过："夫运筹帷幄之中，决胜千里之外，吾不如子房；镇国家，抚百姓，给馈饷，不绝粮道，吾不如萧何；连百万之军，战必胜，攻必取，吾不如韩信。"由此可见，一个人成功的背后需要多少团结的力量，即使刘邦再智慧过人，没有身边这群谋士、勇士的帮助，他也很难成就开国大业。

最后要真诚对待别人，以一个良好的心态去面对一切。生活在你身边的人，无论任何言行举止都会对你产生一定的影响，所以你需要调整好心态，真诚地去面对大家，从而赢得对方的信任。你也可以在与人相处的过程中学会取长补短，尽量让自己能够通过捷径达到成功的彼岸。不断学习他人的长处，从对方的短处中总结经验教训，这样才能让自己获得更好的成功。

PART 13 选择恰当的方式办事才会让人更舒服

总之，你明白众人拾柴火焰高的道理，懂得如何调动众人的力量，你就离办事成功越来越近了。很多成功者都有这样的经验：如果一个人想要成功，并且必须有一样能力的话，那就是不断整合人才的能力。只有当你将所有的人才都调动起来，充分将人们的优势利用起来，这样你才会获得更大的成功。

PART 14

关系良好的办事离成功更近

PART 14　关系良好的办事离成功更近

第一节　笑脸相迎好办事

与人交流时需要微笑，表示我们对他人的尊重和友好，办事时同样需要微笑。微笑是一种交际艺术，当你巧妙地将其运用到办事中去时，它会让你收获意想不到的效果。尤其是在风云变幻、竞争日益激烈的人际场中，微笑更是成功的制胜法宝。俗话说"伸手不打笑脸人"，当你奉上笑脸的时候，无论是对方是怎样的状态，他都会态度变得和善起来，从而原谅你的错误，帮助你解决困难，甚至对你产生更好的印象。

人与人相处，难免会因为一些琐事而产生争执，从而使矛盾的双方关系紧张，甚至到了不可收拾的地步。事实上，人与人之间没有什么矛盾是不可调和的，之所以大家会形成一个僵持的局面，是因为每个人都顾忌自己的尊严，觉得向他人示好就会丢失颜面。然而这种心理对人际关系的发展具有非常大的阻碍，一个人想要成功，很多时候就要使用一些巧妙的技巧去化解与他人之间的矛盾，从而使发展的道路上没有障碍。在众多的方法中，微笑就是一个很好的方法，当两个人互相生气时，你及时抛出一个微笑来表达自己的善意，这样对方心中的愤怒就会减弱，从而进入一个良好的相处环境中，使双方关系融洽起来。

小李和小张在同一个部门上班。一天，二人因为一组数据的不同看法而发生了争执。原本只是意见上的不同，谁知事情愈演愈烈。小李说："我干这份工作已经好几年了，凭我的经验来看，这组数据根本就不真实，你一个初出茅庐的小孩懂什么呀？"小张不服气地说："我虽说是刚进职场不久，但是好歹我也是本科毕业，对数据做过精细的研究，你呢？不过是一个没有文化的老工人而已，你要相信科学。"二人互不相让，一时间吵得不可开交，甚至想要动手。后来，小张想："我是一个刚入职场的新人，如果跟同事关系相处不好，势必会影响未来的职场发展。"于是他冲着小李微微一笑："嗨，你说我俩有什么好争执的，一个数据再重新算一下不就行了，何必伤了和气呢？"小李见小张的态度变得温和，怒气顿时消了一半，于是大家开始讨论别的话题，之前

的事情就这样一笑而过了。

一个人的能力是有限的，当我们需要完成一件事情时，往往会遇到很多不可预知的困难，这时，自己的能力不足以完成，就需要请求别人的帮忙。当你向别人求助的时候，如果你直接提出请求，或许别人会以各种理由搪塞或直接拒绝，但是当你用笑脸相待，别人或许就不忍心拒绝你，即使心中不是很情愿，也会给你几分薄面，这样，你的事情就容易办成了。

小周在公司的办事能力数一数二，同样的工作，别人或许半天的时间完成，而他就只需要两个小时。因此很多时候，别人还在工作的时候，他就已经空闲下来。于是，他就成了众人眼中的救星。一次，同事小王的工作眼看难以完成了，于是找小周帮忙。他说："小周，我的工作可能完不成了，你给我分担一下吧。"小周想也没想就直接拒绝了，他说自己手头还有事情没有处理完。事实上，小王平时高傲自大，待人冷漠，没有谁愿意给他帮忙。但是另外一天，小吕也需要同事的帮忙，于是找到了小周，满脸堆笑地说："小周，救命啊，工作完不成了。"小周推说："我也很累了，还是你自己加油干吧。"可是小吕仍旧没有放弃，嬉皮笑脸地说："好小周，你就看在我笑成一朵花的分上帮帮忙吧。"小周被他的央求整得很无奈，说道："好吧，好吧，看在你态度这么好的分上就帮你这一次。"于是在小周的帮助下，小吕终于完成了任务，没有受到领导的批评。

无论是职场还是生活中总会存在很多竞争的状况，如果你一味凭借自己的本领获得所有人的好感和帮助是一件极其困难的事情。但是如果你学会笑脸相迎，那么它就能让你走很多捷径。每天在他人面前保持笑脸，不仅能够表现出自己良好的精神状态，同时也会让人感觉到你的尊重，从而对你产生良好的印象，真心接纳你。

公司因为发展需求，新招入一批工人，小霞就是其中之一。她是一个腼腆的女孩子，与人交往时，不怎么爱说话，但她无论对谁总是笑脸相迎，于是人们见到她的时候，也总是回以微笑。

后来因为工人人数众多，管理上有了一定的难度。经理决定从工人中选出一个小组长来，这时，他就想到了每次看见都笑脸相迎的小霞。虽然他不知道小霞的工作能力如何，但是他对部门主管说："喜欢笑脸相迎的人一定错不了，即使工作能力不行，也一定会有一个好人缘。"也就这样，小霞成了众多人中首先脱颖而出的人。她的笑脸给自己带来了幸运。

有人说"面带笑容就可以在全世界通行"，这句话从某种意义上来讲，完全没有问题。经常微笑的人能够感染他人，打动他人，从而在人群中大放异彩。从人类的本能上来讲，没有人会讨厌微笑的人，所以人际场上，人们常常在强调以微笑示人，利用其魔力为自己加分。即使有时微笑者无意中冒犯了别人，对方也会不忍心与其计较。

总之，我们在办事时，最主要的目的就是获得成功，只要微笑是管用的方法，那我们不妨笑脸相迎，让别人感受到充分的尊重，从而助你一臂之力或者不与你斤斤计较。

第二节　主动占据先机

我们经常听到有人抱怨，说自己没有朋友，没有好的事业和发展，并且将这一切都归咎于自己的出身和成长环境上。例如"我家贫困，经常被人看不起，所以朋友很少""他含着金钥匙出生，当然诸事顺遂。"之类的话。事实上，有些事情我们的确是被动的，例如没法选择自己的父母和出生日期等，但是这种被动的状态仅仅只是一小部分，当我们成长起来之后，结交什么样的朋友，走进怎样的朋友圈等，这些都是可以自由选择的，具有绝对的主动权，因此，那些整天抱怨，把自己局促在一个狭小空间中的人，一定是太过于被动造成的。

在人际交往中，人们必须要主动去选择、营造自己的朋友圈。如果每个人都整天往返于公司和家庭之间，不去结识新朋友，拓展新的关系，那他很有可能被社会淘汰，一生没有什么大的进展。如今社会，竞争日趋激烈，严峻的社会形势要求我们必须要主动去交际，伸出手去交朋友，这样你的人生才有无限的可能性。

小耿和小高陪经理去参加一个为期两天的高端宴会。两个人都非常高兴，因为之前他们从来没有这样的机会。在同事们的羡慕之下，他们出发了。

宴会上，小耿和小高表现出完全不同的两个类型。小耿被宴会上的美食惊呆了，他从来没有见过这样美味和造型独特的食物。他顾不上说话，一直不声不响地吃着，每吃一样东西，他都先发一个朋友圈，看着他晒出的美食，同事们都非常激动，觉得这个宴会真是太好了。不过，他们羡慕之余还问："小高去哪儿了？"小耿马上回复："他？不知道啊？我光顾着吃了，没看见他。"于是吃东西和与同事聊天成了小耿的宴会主题，偶尔有人过来跟他打招呼，就只是简单地聊上几句。

事实上，小高一进入宴会大厅就扎进了人堆，不停地跟人们打着招呼，主动和大大小小的人物交流着。这个宴会也让他大开眼界："这里的人真多呀，到处都是商界精英，如果能跟他们多交流交流，那真是不虚此行。"小高顾不得吃喝，几乎把所有的时间都用在了与人交流上，虽然他只是一个微不足道的小职员，但是他主动打招呼，他人也都礼貌地跟他寒暄一番。

宴会结束以后，一路上两个人都非常兴奋，小耿说着各种各样的美食，小高谈论着大大小小的人物。小耿非常不解地说："咱们跟他们又不熟，主动跟他们打招呼有什么用呢！"小高意味深长地回答说："必要的人际交往，将来一定会有用的。"

后来因为业务需求，小耿和小高开始负责业务拓展。这下小高之前谈过的那些人物都成了他们的目标人物。小耿的业绩突然与小高产生了差距，因为在谈合作的时候，小高说："之前我们在某某酒会上见过。"于是马上就与对方有了共同话题，但这些却是小耿没有的。

由此可见，注重主动交流是一件多么重要的事情。无论在职场还是在生活中，交友必须是要主动的，这样你才能有机会去发展一段关系，否则你总是在等待朋友找上门来，那机会和未来也不会主动靠近你。那么主动去交友有什么技巧呢？

端正态度，敞开心扉。很多人在交友时往往不敢主动，总抱有"对方不是很喜欢我"的想法，殊不知你的这种眼神在对方的眼中也被解读为同样的意思，于是两人互相远离对方，使一段关系变得更加遥远。事实上，你每当出现这种想法的时候，就应该端正自己的态度，认识到主动结识对方的重要性。你主动与对方打招呼，首先让对方感受到的是你的尊重，进而愿意与你有更深入的交流，一段人际关系就有了好的开始，为你以后办事做出了最初的铺垫。

注重最初交流的五分钟。美国的伦纳得·朱尼博士指出人际交往的最开始五分钟十分重要。在最开始交流的时候，一定要表现的是你的自信和友好，尽量要找一些与对方聊得来的话题，以坦诚平和的心态去面对，避免刚认识就向人家抱怨。

准备好话题，让沟通变得轻松愉快。与陌生人主动交谈，完全不知道对方的性格和喜好，这时，你就要多准备一些话题，如果一个话题没什么共同语言，那么立马换下一个话题，不能让聊天在短时间之内冷场，从而使两个人感觉话不投机，这样的主动交往反而自讨没趣。只有话题不断，聊得轻松愉悦，才有可能发展一段好的关系。

保持微笑，温暖他人。微笑是人际交往中的不二法宝。当你面对陌生人的时候，脸上始终是一副冷漠的表情，那么对方会同样以冷漠相待，这时就没有了继续与你交往的兴趣。相反，如果你始终微笑，对方感受到你的尊重和热情，也会温柔以待，进而促进交往。

除了主动与他人聊天之外，主动帮助别人也是建立人际交往的重要手段。人们常说"锦上添花百次，不如雪中送炭一次"，所以对别人千百次地恭维讨好，倒不如一次主动的帮助。当别人陷入窘境时，你主动伸出援手，对方还会心存感激。当你有朝一日需要对方帮忙办事的时候，如果是他力所能及的话，他一定会对你鼎力相助。

生活中，如果你能主动伸出手去与别人交朋友，你自然会收获很多，这对你的人际交往和事业发展都会有很大的帮助。然而很多人并不能意识到这一点，甚至认为主动与别人结交就会低人一等，好像自己的颜面有损。事实上，这是一种非常错误的理解，主动交往等于你抢占了先机，在人际交往中就会处于有利的地位，这对人际关系的发展至关重要。

第三节　维护好你的关系网

人际关系不仅需要建立，同时还需要维护。只有这样，当你办事有求与人时，对方才能帮助你。人的感情经常联络才会越来越好，越来越深，一面之缘的情分太浅，或许交往的双方都给彼此的印象不错，但是日后没有更深层次的接触，这种美好的印象也会越来越淡。当你有求于人的时候，自然不会全力帮你。如果你想要人际关系派上真正的用场，就必须要维护好的你的关系网。

人们经常说，患难见真情。平日里风平浪静，大家都相安无事。一旦你有求于人，你们之间的关系就会发生变化。困难是友情的试金石，也是你检验自己关系网的绝佳工具。

张宁是村子里第一个到城里打工创业的人。因为学识有限，资金有限，所以开公司最初的几年，张宁遇到了非常多的困难。好在有乡亲们鼎力相助，他才熬过了最艰难的时候。随着他生意渐入佳境，身边的朋友也越来越多，他凭借自己的聪明才智，建立起了非常广泛的朋友圈，生意越来越红火。

经过几年摸爬滚打，张宁的公司已经成功上市，运转也非常正常，并且朝着好的方向发展。这时，他觉得每天都会有人求上门来办这事那事，实在是一件让人心烦的事情，于是再有朋友聚会之类的事，他就直接拒绝了。朋友们觉得，张宁事业风生水起了才不想跟他们这些无名之辈交往，于是渐渐大家都不再邀请他，彼此之间的关系也渐渐疏远了。不过张宁是一个乡土情怀非常重的人，他发达以后，仍旧不断地回乡看望乡亲们。

天有不测风云，金融危机给张宁的公司带来巨大的打击，一时资金链受到严重的影响。公司陷入了危机之中，需要一笔钱来支撑一下。乡亲们得知张宁遇到困难以后，纷纷慷慨解囊，可是毕竟大家能力有限，资金还存在一定的缺口。于是张宁给过去那些朋友打电话，结果让他大失所望。有的人说自己公司也自身难保，有的人说心有余而力不足，有的人说已经把钱用作他处，甚至有的人干脆就不接电话。这时，张宁才恍然大悟，原来很长时间不联系之后，大家彼此之间的信任已经太少了。

最后好在有一个经常保持联系的朋友帮了张宁一把，他的公司才没有在这次金融危机中彻底垮塌。事后张宁进行深深的反思，觉得并不是不愿意帮自己的人都是薄情寡义的人，换位思考，如果一个长久不联系的人突然找你借钱，那自己也不会贸然相助。

从那以后，张宁对人际关系有了重新的看法，他仍在不断地与人建立关系，不同的是，他学会了如何去维护自己的关系网，尤其是一些他认为信得过的朋友更是经常联系，不让情意随着人际关系的疏远而变凉。

世界上的一切事物都在不停地发生着变化。人际关系也会随着客观事物的发展而变化。如果不用心维护，就会逐渐疏远，直至僵死。因此构建一个合理的人际关系网，然后不断进行调节，用恰当的方式去维护，这样你在办事时才能如鱼得水，游刃有余。那么具体该怎样维护自己的关系网呢？

确立自己的人际关系核心。在自己建立起的关系网中，必定有一部分人是自己信得过的人，将他们确定下来，构成良好关系的核心。这些人都真心对待彼此，希望对方能够过得更好，不存在尔虞我诈，勾心斗角的状况。对于这些人，你只要真心相待，稍作联系，就会相处愉快而融洽。

积极与人每一个人交流。在确定自己的交际圈之后，你就要在每一个人的身上花费心思，因为你无法预知将来谁会是自己办事的帮手。你要与每个人保持最起码的联系，尤其是重要节日要及时问候，让对方明白，你始终就在他们身边。这样有事相求的时候，也会给你几分面子。

积极参加一些公众场合。有些人害怕应酬，于是总是拒绝在公众场合出现，这种做法对于维护人际关系非常不利。公众场合通常会聚集很多自己的老朋友，同时还能结识新朋友，这对朋友圈的维护和发展有着至关重要的作用。通过见面沟通，彼此之间的印象会更加深一些，情意也会相对又进一步。

不要在无益的关系上浪费精力。人的精力是有限的，当你的朋友圈足够大时，你要个个维护的确有些不太现实，因此你要定期对你的关系网进行合理调整。对于一些对你发展没有益处的关系，你大可以不必浪费时间，如果他们对你的职业生涯已经没有益处，那就是你的发展包袱，适时扔掉好让你有充沛的精力去维护更好的关系。

学会巧妙地恭维。无论是谁，只要对方获得一定的成就，你就要及时地送上祝福，如果可能要亲自去道贺，这样对方就能感受到你心意，对你也会多一点了解，将来办事时也会另眼相看。

懂得帮助别人。雪中送炭的情谊往往比锦上添花更让你刻骨铭心。在你的关系网中，如果谁遇到困难，处于人生的低谷期时，假如在你力所能及的范围之内，就要伸出援手，从而让他们心存感激。有朝一日，你也身陷困顿的时候，他们会念及这份情谊而对你施以援手。

培养自己的奉献精神。生活中总有一些人习惯索取，无论是谁，只要与之交往，就会从对方的身上索取，但是自己却一毛不拔。这样的人无论经营怎样的人际关系，最终也会导致身边没有一个朋友。所以想要让自己的人际关系稳固，就要学会奉献精神，不能事事都想着要怎样对自己有好处，适当地给别人付出才会赢得人心。

学会打扰你的朋友。打扰并不是要给朋友制造各种麻烦，而是要通过一点小事加深双方之间的来往，例如你出差到某地，可以给正好在当地的朋友打电话，告知自己的到来，从而给双方制造一次见面的机会，加深情感交流。许多时候，好朋友就是这样磨合出来的，如果两个人一直客客气气，可能关系也永远只会停留在表面上。

总之，缔结一张良好的关系网绝非易事，尤其是在人情淡薄的今天，人们更应该将用心去维护已经建立起来的关系网，从而让这张网更加牢固耐用，等到自己办事的时候，能够起到重要的作用。

第四节 真诚待人、诚信为本

人与人交往最关键的就是你能否真诚地对待别人。如果你用心对待别人，别人同样也会回报以真诚，正所谓"投之以桃，报之以李"，只有在这种模式下进行，人际关系才可能朝着更好的方向发展。人是一种高级生物，他能够从他人的行为中感受到对方是否是真诚的，因此所有弄虚作假、表面上的热情都难以维系长时间的人际关系。唯有真心友善地对待别人，才能迎来别人的尊重，促使自己越来越成功。

小东和小亮是高中同学。小东为人正直，不善言谈，但是对待朋友却全心全意；小亮能说会道，能够跟所有人都打成一片，但是他整天想的只是自己的利益，一旦有谁对他稍有侵犯，他就立刻变成了另外一副嘴脸。

后来上大学时，小东和小亮报考了同样的学校和专业，又成了同学。新生入学后，小亮凭借自己能说会道很快结交到了很多好朋友，整天称兄道弟，看上去一片和谐。相较之下，小东就稍显落寞，因为他不善言谈，只有宿舍几个亲近的人和他成了朋友。

可是后来大家渐渐发现，小东身边的朋友越来越多，小亮身边的朋友却越来越少。原来，每次有同学需要帮忙，小东都默默地伸出援手，但是小亮却总会找各种理由拒绝，或者一听到别人有困难，马上就消失得无影无踪。于是大家都说，小东待人最真诚，小亮就是每天耍嘴上功夫，实际却虚伪至极。当然，小亮遇到困难也没有人愿意帮他了。

真诚是要相互的，一味索取吝啬付出，终究不会得到真正的情感。然而有的人对真诚持有怀疑和否定的态度，觉得在这个人心不古的社会中，如果自己真诚对待别人，但是得不到别人真诚对待的话，自己就会很亏。虽然这种担心有一定的道理，生活中的确有这样的人，将别人的真诚当成是愚昧，他们满肚子小心思，整天就琢磨着如何从别人的身上得到更多的好处。但毕竟这样的人并不多见，况且当我们的真诚换来的是他人的虚伪时，表面上看是我们有些吃亏，满腔热情得不到应有的回报，事实上，虚

PART 14 关系良好的办事离成功更近

伪之人受到的惩罚会更多,他们不仅要接受良心上的谴责,还会被众人厌弃,从而让人们渐渐地都远离他。

老张和老李是一个村子的好朋友。老张家境好一些,老李家境相对较差。所以很多年来,老张一直在帮衬着老李家。每当老李家有困难,老张第一个出手相助。例如帮老李家耕地、盖房、修东西、送吃的等等,总之只要是老张能够办到的,他就一定会尽力而为。很多年过去了,老李家的孩子们也都长大成人,日子一天比一天好了,再也不用老张接济了。反倒是老张,两个儿子都到了结婚的年龄,盖房子、娶媳妇,都是不小的开销。

有人给老张的大儿子介绍了一个媳妇,双方家长都非常满意,于是就张罗婚事。可是老张家这几年的积蓄不够多,于是他开始在村子里借钱。他最先想到的就是老李,结果老李却给他吃了一个闭门羹,说自己的儿子也到了结婚的年龄,实在不敢再把钱借出去,让老张还是找别人想想办法吧。老张得到这样的答案心中十分气愤。没想到这些年真诚付出居然得到这样一个结果。好在老张在村子里的人际关系还不错,很快就筹到了钱。但是从这以后,人们都知道了老李的为人,纷纷指责他太忘恩负义了。后来老李家娶媳妇需要借钱,结果可想而知,谁也不愿意借给这样的人。因为钱的事情,老李儿子的婚事黄了好几桩,他深深地体会到不真诚待人的苦果。

事实上,真诚待人是一个双赢的结果,只有人们真诚互助,社会才能得以发展,人类才能得以生存。如果你能营造出真诚待人的环境,身边的人也会被你影响,从而用真诚回报于你。生活中如此,职场、生意场上更应该如此。自古以来,作生意强调诚信为本,一旦人失去诚信,大家对他的信赖就会大打折扣,从而不再愿意与他有生意上的往来。

从前有一个养马的人,每年靠出售马匹而生活。附近的人都来跟他买马。一天,他在给马喂草料的时候,发现有一匹并不好好吃,于是凭借多年的经验,他知道马得病了。这让他很焦急,马匹很值钱,如果它不幸死去,将给自己造成非常大的经济损失。

就在他忧心忡忡的时候,有个人前来买马了,他一下子高兴起来,觉得这真是一个天赐良机。买马的人说想买匹马将来用来犁地、拉车。于是养马者就把那匹生病了的马牵了出来,并且大加赞赏。买马人没有养马的经验,所以并不知道马已经生病了，于是高高兴兴把马买回了家。可是，马到了新主人家根本不吃不喝，没有三天的马夫就死去了。

买马人觉得自己被养马人欺骗了，于是来找他理论。可是养马人拒不承认。最后买马人也以无奈收场。可是旁观者清，大家都心知肚明，觉得养马人不以诚信做生意，之后再没有人找他买马了。后来他意识到了事情的严重性，于是上门给买马人道歉，并且赔偿了损失。另外，他还向所有人保证，从今以后再也不会欺瞒别人，一定要诚信做生意。

后来，每当有马生病，他就会低价卖给屠宰场，每当有人想买耕地的马，他总是给对方挑选最健壮的，就这样，他的生意才越来越火爆。

由此可见，真诚待人，诚信为本是搞好人际关系必不可少的品质和手段。与人相处时，只有让对方看到你的真诚，对方才会更信任你，与你建立起来长久稳固的情谊，你需要帮忙的时候大家才会成全你，助你成功。

第五节　注重自己形象也非常重要

个人形象在人际交往中具有很重要的作用。它在一个人的成功中占有相当大的比重。这是因为个人形象往往影响着给人的第一印象。如果一个人留给他人的第一印象极差，那么对方之后就不会再与其进行深入的交往，相反，如果感觉第一印象不错，人们就会有意愿进行深入的沟通。

个人形象不单单是指一个人的容貌和衣着，同时也反映着一个人的内在品质和修养。同时，注重自己的形象也是对他人的尊重，只有形象良好，才能赢得别人的好感，受到别人的倚重。

姗姗是一个性格开朗的女孩子，在工作上兢兢业业，吃苦耐劳，工作能力非常强，可尽管这样，她在职场中的地位始终没有上升。跟她一起到公司的同事，有两个已经升任了小组长、部门主管，只有她还是一个小职员。为此她百思不得其解，直抱怨领导实在是太偏心了。

姗姗经常跟闺密抱怨，闺密觉得姗姗的心情并不好，于是从另外一个城市赶来看她。那天闺密从火车站出来，看到姗姗的第一眼就惊呼："天哪，你怎么一点都没变呀？"姗姗并没有太在意闺密的话，只顾得满心高兴了，毕竟工作了以后两个人就一直没有见面。

回到家以后，互相寒暄了一阵，姗姗就开始抱怨自己在工作中的遭遇。闺密好奇地问道："你上班是什么样子的？"姗姗一脸迷茫地回答道："就是这样啊！"闺密轻轻地叹息说："怪不得呢，你太不注重自己的形象了。"姗姗马上反驳说："我怎么不注重形象了，每天穿得干干净净、整整齐齐的。"闺密哈哈大笑说："我的好姐姐，你以为一个人的形象就只是衣服吗？精神状态对形象有很大的影响呢。你生活在职场中，不仅要穿着与时俱进，同样还要保持积极向上的健康形象，这样你给别人的印象才会更好一些，你才能有上升的空间。"姗姗听了这些话，一脸迷茫，她不知道，一个人的形象竟然有这么多的学问。

你的形象在交往中占有很大的比重，决定着关系的好坏。一个人无论是站着还是坐着都有良好的姿态，让人感觉起来端庄、温暖。事实上，人们就喜欢跟注重形象的人相处，试想，谁会愿意和一个邋里邋遢的人交往呢？如果你想拥有良好的人际关系，那么就要注重个人形象的塑造。因为不注重形象就相当于自己给自己的人际交往设置了障碍。那么我们具体应该怎样去做呢？

注重仪容仪表。要注意对皮肤的保养，保持皮肤最基本的清洁。在发型方面，要选择适合自己的发型，看上去干净整洁，尤其不要保留十分异类的发型。在比较正式的场合，女性要化淡妆，这是对他人最起码的尊重。衣服要洁净整齐，尽量不要穿奇装异服，尤其是职场女性，更要打扮得大方得体，给人一种端庄的感觉，尤其要与其他人保持步调相一致，不能太过于另类。

加强自我意识。自我意识在人际交往中有着非常重要的作用。当自我意识存在缺陷的时候，他的个人形象就会受到影响，例如与人说话时，容易害羞，忸怩作态，或者故意表现出一副成熟老练的样子，这种形象往往会给人一种不舒服的感觉。因此加强自我意识非常必要。加强自我意识，首先要对自己有一个清晰的了解，这对他所表现的言行举止有直接的影响。例如一个人知道自己声音美妙，就喜欢唱歌、演讲，一个人知道自己的短处就会想方设法避免，例如一个身体协调能力不好的人，绝对不要在众目睽睽之下跳舞。

培养阳光的心态。一个宽容大度、积极向上人总会给他人留下美好的印象，因为好的心态能够让人们感到身心愉悦，从而愿意同你进行更深层次的交往。在培养良好心态方面，自信很关键。内心自卑的人容易否定自己，他们往往不愿意承认真实的自己，与人相处时会极力地伪装，从而给人一种怪怪的感觉，这对正常的人际交往有着很不利的影响。这种装出来的假象一旦被揭穿，就会失去别人的信任。另外内心不自信的人在说话或者办事的时候总是紧张不安的，生怕自己表现不好会遭到他人的嘲笑，生怕自己的短处会成为大家眼中的笑柄，因此整天过得小心翼翼，不敢与他人有更密切的接触，从而给人一种非常难亲近的错觉。事实上，每一个人都有长处和短处，如果你把目光集中在自己的长处上，那你就会快乐很多，自信很多，更能处理好人际关系。

提高说话能力。美国著名心理学家梅拉比曾经对人类的信息表达进行阐述，一个完整的信息表达包括7%的语言和38%的声音以及55%的身体语言。因此说话能力对个人形象的影响十分重要。首先表达自己的观点时要清晰准确，含混不清的语言容易给人造成压抑和厌烦的感觉，说话时思路清晰，主题明确，更能吸引别人的注意力，从而对你充满好感。其次说话要注重礼貌用语，谦逊有礼的话语常常会给人一种知书达理的好印象，另外说话语调也是一个非常关键的因素，人与人交流需要从声音中捕获有效信息。你说话语调婉转悠扬，声音洪亮，情感充沛，这样别人才会喜欢听你说话，喜欢与你说话，从而对你的形象更加满意。

总之，个人形象是良好人际关系中不可忽视的重要因素。有很多人常常不拘小节，认为只要有内涵即可，外表相对来说没有那样重要。事实上，与陌生人接触，最先让人想与你交往的还是个人形象，如果对方对你的形象不满意，就不会愉快地与你交谈，从而也就无法理解你更多的内在，对你的整体形象产生影响。因此注重自己的形象是你办事成功最基本的需求。

PART 15
思虑周全办事不会惹人不开心

PART 15 思虑周全办事不会惹人不开心

第一节　己所不欲勿施于人

强迫别人干自己不愿意干的事情是办事中的一个大忌。正所谓己所不欲勿施于人，只要是自己不愿干的硬要强加给别人就会引起别人的反感，不愿意与你有深的交往。生活中有些人无论做什么事情都是从自己的利益出发，只要对自己有利，千方百计都会去实现，根本不在乎完成这件事情会给别人带来多大的困难，甚至会给别人留下一个怎样的印象。只要他们有需求，就会不顾一切地提出来，并且强迫别人帮助其完成。

小董是村子里唯一的大学生，于是在这个偏僻的小山村他就成了一个传奇的人物，就好像他已经功成名就，什么事情都难不倒一样。于是只要村子里的人有困难都会到市里来找他，让他出谋划策。当然，小董也是一个热心肠的人，只要大家提出的要求他能够满足就尽量帮忙，但是有一点，小董是不会做的，那就是行贿受贿。从小，父亲就教育他要做一个正直的人，因此他的原则性很强。只要违反他原则的事情，他一定不会去干。

一天，村子里的王叔来家里找小董。他热情地接待了他。酒足饭饱之后，王叔提出了此行来的目的。原来王叔的儿子大学马上毕业了，他想让小董给出个主意想办法到市里的政府部门上班。如果按照正常的程序，王叔的儿子必须要经过正常的考试竞争岗位，但是王叔害怕自己孩子考不过，所以想提前贿赂一下相关的人员直接上岗。这让小董感到很难办，一方面他与政府完全没有交集，另一方面，他也不想用这种非正常的手段去排挤掉其他人的竞争资格。因此他直接向王叔说明了自己的难处，表明自己能力有限，实在是帮不上忙。可是，他的这些话，王叔完全不信。他说："你都是大学生了，现在还有这么好的工作，难道还有什么事情你办不成的吗？"为此小董感到很无奈。

从那天开始，王叔就成了小董家的常客，只要有空闲时间，他就会来小董家央求，不管是不是影响到了小董家的正常生活。那段时间，小董感到非常困扰，他既不能不接待，又觉得自己实在难以完成那样的任务。可是任凭他怎样解释，王叔就是不死心，整天满脸堆笑地来到他家，不停地念叨着这件事情。小董几乎快要到了崩溃的地步。

后来小董多次求人帮忙，帮王叔的儿子争取到了一个考试名额，只要他自已能够通过考试，相关部门就会给他一个工作机会。对于这个结果王叔还是不太满意，但是小董终于忍不住了，对王叔说："这是我唯一能做的事情了，让我去行贿，我实在是办不到，请您谅解。"听完这话以后，王叔觉得，这完全就是小董的推脱之词，从那以后再也不理小董了。

行贿是小董不愿意干的事情，他已经明确表示了自己的不情愿，但是王叔仍旧坚持不放弃，将小董置于非常艰难的境地。事实上，这种做法在人际交往中是极不可取的。求人办事时，必须要在对方愿意的前提下，即使你的要求会给对方带来一点小小的困扰，但是也不会让对方因为帮助你而失去原则。人与人的交往应该始终保持一个非常自然的状态，互相不给对方太大的压力，这样的交往才能够更加长久。当你提出要求时，对方不愿意帮忙，那一定有他自己的道理，如果你非要强人所难，那么双方的关系就会陷入非常尴尬的境地。人际场上，很多原本和谐的关系就是因此而破裂的。如果你想成为一个会办事的人，就应该多多学习说话办事的技巧，让对方心甘情愿地给你帮忙，而不是强人所难，将自己不愿意的事情强加到别人的头上。否则你将面临的就是一段人际关系的终止。

有一对男女朋友，彼此都很喜欢对方。但是他们有一点不和谐的地方，那就是男生酷爱足球。他觉得足球是自己最大的爱好，作为自己女朋友，对方应该全力支持并且爱屋及乌，然而女孩并不符合他的理想。女孩只喜欢漂亮衣服和看书，对足球完全不感冒。为此，男孩常常跟女孩生气，觉得这么有意思的运动应该是人人都喜欢的。之后他每次看球都强迫自己的女朋友坐在身边，出于对他的尊重，她也确实那样做了，可是时间久了，女孩就不想再忍受了。于是她看书的时候就让男孩陪在左右，男生开始抱怨："我又不喜欢看书，你强迫我干什么？"女孩反驳道："你不是一样强迫我看足球吗？"可是男孩依旧不能明白女孩的用意，反驳说："看书太乏味，足球竞争激烈，多有意思啊！"女孩觉得很无奈，最终，二人因为这些不可调和的矛盾分手了。

这段关系之所以会结束就是因为男孩不懂得己所不欲勿施于人的道理。生活中，情侣也好，朋友也罢，任何人都希望按照自己的意愿去生活，没有压力地与人交往。如果在一段人际关系中，对方觉得很压抑，很艰难，那他自然而然就会抽身离去，因为没有谁会愿意为难自己成全你的心意。如果你想要成为一个高情商的人，把自己的每一件事情都办成功，那么你就必须要在办事时思虑周全，不要强迫别人帮忙，以免更快地导致办事的失败。

第二节　学着让脑筋拐个弯

生活中总有一些人脑子不会转弯，做事情只要认准一个目标就直接冲着目标走去，从来不会想这种直接的方法是否能够行得通，结果事情办得不尽如人意，有时甚至还会伤害到别人和自己。

办事时不懂得让脑筋转弯的人，经常会给自己制造很多障碍，甚至多做很多无用功。

古代郑国有个人想给自己买一双新鞋子，因为脚上穿的鞋子已经破烂不堪，实在没法见人了，鞋底也已经开始磨脚。在去集市的前一天，他在家里找到一根小绳，然后比对着自己的脚量好了尺寸，准备第二天买鞋的时候用。绳子量好以后，他放到了一边，等着第二天带到集市上去。

第二天早上，因为走得匆忙，这个人居然忘记了绳子的事情。他的家距离集市很远，他加快脚步也走了好几个时辰。集市上人山人海，热闹非凡，各种卖东西的小贩摆满了街道的两边。郑国人好不容易挤到了卖鞋的摊位前，仔仔细细地为自己选了一双漂亮的鞋子。就在他准备量尺寸的时候，他才发现翻遍全身的口袋也找不到小绳。他这才想起来早上的确没有拿绳子。心想："这下坏了，这一趟集市岂不是白来了。"卖鞋的商贩只见他浑身摸索，一脸茫然。后来，郑国人干脆把鞋子放下，赶紧向家中返回去。回到家以后，他赶紧拿上小绳，又走了几个时辰来到集市上，可是他来得有些晚了，买鞋的小贩们已经收摊回家了，街上几家鞋店也都关了门。

鞋子没有买上，脚上的鞋子烂得更厉害了，这让郑国人非常沮丧。看着他难过的样子，别人急忙询问事情的缘由。听了他的讲述以后，大家都说："你既然来了，怎么不用自己的脚试试鞋子呢？"郑国人仍然死脑筋地说："我已经用绳子量好了还用脚干什么，绳子才是最准确的。"

生活中像郑国人一样脑袋不会转弯的人不在少数，他们不尊重客观实际，往往主观上认定一件事情就不懂得变通，最后导致办事的失败。不仅如此，脑筋不懂得转弯的人，常常心中有话就会直接说出来，根本不会考虑这句话说出来以后的后果，因此这样的人经常会无意间伤到别人，给自

己的人际关系造成很大的障碍。

许东在生活中被朋友们一致评价为情商太低。大家之所以会这样说，是因为许东说话从来不会转弯，经常有什么说什么，即使有些话说出来会伤人，他也照说不误。为此他伤害了很多人，自己也吃了不少亏。

一次，许东带女朋友参加朋友聚会。有一个朋友带了一个新女朋友，长相清秀，非常漂亮。于是许东就走到朋友面前，想对他的女友夸赞一番，好让朋友的脸上有面儿。他说："哥儿们，这个女朋友可比前女友漂亮多了。"说完之后，朋友一时不知如何应对，几个人都变得神情尴尬，对方的女友更是一脸不高兴，好在这时有别人过来打招呼，大家才把注意力分散到别处。

后来，女朋友要带着许东回家见见父母。许东为此准备了好几天，女朋友还专门叮嘱他，到家之后要三思而后行，不该说的话千万别说。到家后，开门的人是女朋友的妈妈，许东赶紧说了一句："阿姨好，您看上去比我想象的老很多呢！"女朋友的妈妈一怔，然后笑了笑说："五十多岁的人了，能不老吗？"于是大家谁也没有太在意。后来女朋友的妈妈给亲戚们打电话，说许东来了，大家一起过来热闹热闹。

一家人吃过饭之后，女朋友让她小姨的女儿给大家唱首歌，可是小孩不唱："我不唱，我一唱歌就跑调。"可是大家都鼓励说："没关系的，唱吧，都是自己家里人没人笑话你的。"于是小姨的女儿就唱了起来。一首歌唱完之后，还没等大家说话，许东就哈哈大笑起来，说："怪不得不敢唱呢，跑调都跑到姥姥家了。"小姨的女儿一下子气哭了，小姨的脸上也布满了怒气。

那天过后，女朋友的家人都反对许东，说他这个人脑子太直，这样的人在社会上很容易得罪别人。女朋友原本就介意许东的情商太低，这下再加上全家人的压力，她只好选择分手了。许东伤心万分，不知道为什么自己真心付出却得来这样的结果。

由此可见，与人交往脑筋必须要学会转弯，否则你将成为一个不受欢迎的人。虽然在人际场中人们总是在强调真诚，但是很多时候真诚要运用得巧妙得当，有些直接说出来会伤害到别人时，尽量就不要说出来，如果非说不可的话，也要转个弯，让意思表达得更加委婉，让人听了舒服，避免把人际关系彻底堵死。那么我们该如何提高自己的情商，让脑筋转个弯呢？

改变思维模式。脑筋不会转弯的人往往思维模式比较死板,当心中有想法时不知道该用什么方式表达合适,所以才会直接去办。因此思维比较死板的人平时要多读书,学习,不断去丰富自己的思想内涵,逐渐学会解决问题的更多方法,这样遇到事情思维就会更加灵活,懂得转弯。

改变固定的生活环境。人生活在一个固定的环境中,思维就容易产生定式,因为环境对人会有很大的影响,灵活多变的环境可以促进人们学习新的东西,使自己的见识和阅历不断地得到提升,这样脑筋也会变得更加灵活,说话办事时懂得换一个思路,转个弯去实现。

学会理论与实践的嫁接。很多人对为人处世的道理明白得非常透彻,说起来头头是道,但是在办事的时候却十分呆板,往往做出一些让人难以想象的傻事来。问题的关键就在于,他不懂得将这些理论知识应用到实践中来。如果你想让脑筋变得灵活,就必须要学会理论与实践的嫁接,每办一件事情多加思考,慢慢将理论用到实践,当习惯形成以后,你的脑筋就可以遇事转个弯了。

PART 15 思虑周全办事不会惹人不开心

第三节　求人办事姿态放低点

人生活在社会中，难免会遇到求人帮忙的时候，如何让别人愿意帮忙就成了很多人在人际关系中研究的主要内容。有些人，自视甚高，求人办事的时候总是用一种命令的口吻，或者好像把一件事情交代给对方去完成一样，例如"这件事情就交给你了！""这可是你侄儿的事情，你不帮也得帮"，类似于这样的话让帮忙的人听了，心中自然会不太舒服。高情商的人在求人办事时，总是先将自己的姿态放低，让对方有一种施人恩惠的愉悦感，这样人家才会心甘情愿帮忙，你距离办事成功才会更近一步。

汉末，刘备在官渡大战中失败，无奈之下，只得投靠刘表。曹操听闻刘备的谋士徐庶很有才华，为了得到他，便谎称徐庶的母亲生病，让他马上回到许都去。为了让刘备招得贤士，徐庶告诉刘备，隆中有一个富有学识的人，他叫诸葛亮，如果谁能够得到他的辅佐，将来一定能够争得天下。

听了徐庶的话以后，刘备就带着关羽和张飞来到了隆中的卧龙岗，希望能够将诸葛亮请出来，辅佐自己的治国大业。然而不巧的是，那天诸葛亮正好不在家，刘备一行人感到非常失望，只得无功而返。

过了没多久，刘备请诸葛亮的心思并没有放弃，他又带着关羽和张飞去拜访诸葛亮，虽然天公不作美，但大风雪天依旧没有阻挡住刘备求贤的强烈愿望。只是这次诸葛亮又不在家。张飞本身就不愿意来，如今又白来一趟，于是急着催促刘备回去。刘备只好留下书信一封，将自己对诸葛亮才华的赏识之情和请求他帮助完成治国大业的想法全部陈情。

又过了一段时间，刘备依旧没有忘记请诸葛亮的事情，于是吃了三天素，准备再次去卧龙岗。这时关羽不太主张去了，他说："诸葛亮未必有真才干，可能只是浪得虚名，不去也罢。"而张飞则主张："由我一人前往，用绳子绑也给你把他绑来。"但是刘备谁的建议都没有采纳，还为此责备了张飞的无礼。于是三个人又一同上路。等刘备一行人到达卧龙岗的时候，诸葛亮正好在睡觉，刘备没有惊扰诸葛亮，一直在外边等着，直到他自己睡醒以后才进行拜访。

诸葛亮深深地被刘备的求贤精神打动，一个有大作为的人居然放下身段来三次请求帮忙，实在难能可贵，于是诸葛亮答应了刘备的请求，并且辅佐他建立起蜀汉王朝。

从三顾茅庐的故事中我们可知，放低姿态办事更容易成功，并且赢得人心。如果不是刘备三顾茅庐，诸葛亮就不会誓死辅佐，那蜀汉江山可能就是另外一番情景。成大事者不拘小节，只要能够办事成功，适当放低自己的姿态也未尝不可。然而很多人以为，放低自己的姿态是一种懦弱的表现，甚至感觉低声下气有损颜面。事实上，这是一种错误的理解。低姿态只是一种表面现象，是一种求人办事的大智慧，其目的就在于让对方心理上得到满足，从而愿意帮助你。

有些人总在强调爱惜自己的尊严，无论是什么事情都想"万事不求人"，哪怕事情不办也不会去求人。这样的做法到最后受损失的只有自己。因为事情不办，你就无法获得成功和进步，这对人生的成功是一种很大的障碍。

小张和小王是新到县城医院的实习医生，虽然他们都是本科毕业，在学历上比很多医生的学历都高，但是临床经验较少，很多问题都需要向别人讨教。在请教别人的问题上，小张和小王的态度完全不同。小张觉得，我堂堂一个医学院的本科生，在学校学习到的都是全新的知识，还有什么东西是自己搞不懂的，尤其在这些医生面前，绝对不能丢了大学生的脸。而小王则觉得，毕竟医院的医生实践经验丰富，多向人请教更有利于自己进步。

在实习的那段日子，小张遇到问题总是自己研究，有时一个简单的问题也会浪费半天时间，结果还是模糊不清。而小王遇到问题时，总是会向其他有经验的医生请教。于是他听到了各种各样的病例，知道了疾病的多种可能性。因此在治病方法上更加灵活，实习测评的时候，小王取得了比小张更高的成绩，顺利地留院任职。

这个事例告诉我们万事不求人的结果对自己并没有好处。一个人想要在职场上顺利发展，就必须要学会放低姿态求人，给自己找到成功的捷径。很多人害怕自己放低姿态之后，遭到的是对方的轻视和冷漠，于是为了自己的颜面主动退缩，即使明明知道只要自己稍微努力就可实现，但却宁愿承受不办事的后果，也要把事情搁置起来，这就是对自己人生的不负责。

事实上，别人如何看待自己并不重要，重要的是你能否实现自己的人生价值。当你有求于人的时候，只能说明在这件事情上，别人比你更有处理的便利和主动权，并不代表你的能力不行。

如果你想把一件事情办成，就得以一种低姿态出现在对方的面前，使自己看上去平和、谦让、敦厚，让对方完全感受到你的尊重，这样一来对方就会心甘情愿、踏踏实实地为你办事。低姿态是人生的一种办事境界，是通向成功必备的品位。那么具体应该如何去做呢？

尊重他人。放低姿态首先就要对他人表现出足够的尊重。说话时温文尔雅，谦虚有礼，尽量表现出自己的思想内涵。谈话时，坦诚相待，用真诚去打动对方，让其心甘情愿给自己帮忙。

看重自己。放低姿态是指在求人的态度上谦逊有礼，而并非低三下四，忍气吞声。有时，为了让人帮忙你太过于看轻自我，反而会引起对方的反感，不愿给你帮忙。所以不卑不亢，既能尊重他人也能获得他人的尊重。

体谅对方的难处。换位思考体谅对方也是放低姿态的一种方法。很多人求人办事，丝毫不管对方有没有难度，这样就容易给人一种高傲的感觉，让帮忙的人心里不舒服。如果在办事时，你能够体谅对方的难处并感激对方的付出，这样一来，对方会更愿意帮你。

第四节　顾全他人的颜面成全自己

中国人自古好面子，很多人都将"人活一张脸，树活一张皮"作为自己的人生信条。因此与人交往时，顾全他人的颜面就是一件非常必要的事情。如果你在与人相处的过程中不小心伤到了他人的颜面，很可能办事就难以成功。所以顾全他人颜面在很大程度上就是成全自己，无论在生活中还是职场中，这都是一个不变的真理。

有些人在人际关系中容易陷入这样的误区：觉得朋友之间没有必要太注重面子，太客套反而显得生疏。这其实是一种错误的理解。试想，一个朋友不论在任何场合都不注重你的面子，你会高兴吗？同理，你不顾全朋友的颜面，人家同样也不高兴，当你有求于人的时候，自然不乐于帮你。

乔伟和李苗是一对好朋友，平日里称兄道弟，总是给人一种形影不离的感觉。一次朋友聚会上，大家喝酒喝得高兴，一边唱歌一边跳起舞来。突然，乔伟一挥手把李苗脖子上的项链勾断了，掉在了地上。乔伟原本就是不小心，他捡起来递给李苗，但没想到的是李苗为此非常生气："你怎么搞的，你看看，我的项链都摔坏了。"乔伟没怎么在意地说："不就是一条项链嘛，我再送你一条好了。"李苗又说："送？这可是我女朋友送的，你这个人干什么都不小心。"乔伟没再说话，朋友们见状都上前相劝："事情既然这样了，就等着跟女朋友解释一下吧，乔伟也不是故意的。"李苗的怒气还没有消，生气地说："我看他就是故意的，气死我了。"乔伟这下也生气了，本想着要与李苗理论一下，最后被朋友们制止了。

从那以后，乔伟就开始刻意疏远李苗，他觉得为了一条女朋友送的项链，李苗居然丝毫不顾及他的颜面，这样的朋友不交也罢。事实上，李苗早已忘记了项链的事情，一次他有事需要帮忙，再次来找乔伟，结果乔伟却一口拒绝，称自己太忙，根本没有时间去做别的事情。李苗只好才寻找别人帮忙了。

一段朋友关系的维持必须要以互相尊重对方作为前提，一旦某一方觉得自己没有得到尊重，或者没有顾全到自己的颜面，就会心生芥蒂，朋友之间的默契和平衡就会被打破。所以,与人相处,在顾及自己面子的同时,也一定要顾及到朋友的面子,只有这样,你遇到难处时,朋友才会向你伸出援手。那么想要顾全朋友的颜面时,你应该怎样去做呢?

首先与朋友相处时不能锋芒太盛。有的人表现欲非常强,无论是在任何地方都想要表现自己,然而在朋友的主场时,如果你太过于高谈阔论,很容易就会使朋友黯淡无光,让朋友觉得自己的颜面有损,从而自尊心受挫,对你敬而远之。甚至如果你的风头太盛,朋友也会因此而反感你,一旦你寻求帮助,对方也不太愿意给予你任何帮助。

其次避免在公开场合打趣朋友,拿朋友寻开心。很多人以为朋友关系好可以随便开玩笑,所以无论在任何场合都无所顾忌。事实上,每一个人都有自己心灵的禁区,一旦遭到他人侵犯颜面就会受损,例如私下里用一些私密的事情开玩笑对方不太在意,但是当这件事情在公共场合被揭露出来就会格外尴尬。让朋友因此而不开心。

最后不要强迫朋友去干自己不愿意干的事情。人与人性格不同,爱好不同,即使是非常要好的朋友,也会有很多不同之处。所以有些自己热衷的事情对方不一定喜欢,当你强迫朋友去做的时候就会将朋友置于两难的境地,同意你的做法自己实在不愿意,不同意你的做法面子上又过意不去。如果这样的事情时有发生,那么很可能一段关系就会陷入危机之中。

职场更是一个讲究颜面的地方,相对于朋友来说,你和同事和领导间的关系要更加疏远一些,所以互相尊重、维护颜面更是必不可少,因为与他们的关系是否良好直接影响到自己的事业发展,特别是领导,如果你在办事时思虑不周全,没有顾及到领导的颜面,那就相当于你给自己的发展设置了一道障碍。自古领导都好面子,并且常常用给不给面子来衡量员工对自己是否尊重。

张鑫在一家广告公司上班。之前的部门主管是一个非常好说话的人,所以同事们养成了散漫的工作习惯,完成工作时间内的任务之后,就开始放松自己,多一点力气都不肯出。所以部门业绩非常低。公司认为,一定是管理上的问题,

所以把之前的部门主管调任别处,派来一个新主管。

新主管上任第一天就宣布:"最近工作任务量比较大,你们谁愿意加班,下班之后就留下,不强求。"新主管之所以这样说,并不是让员工享受自由,而是想看看到底有多少人愿意给新领导面子。

下班以后,同事们好像平时一样,一边规划自己的时间,一边走出了公司的大门,不到十分钟时间,办公室里只剩下了张鑫一人。原本张鑫也不想加班,但是转念一想,新领导第一天上班,总要给领导一些面子才行。大家走得一个都不剩,领导岂不是很尴尬。于是他留下来加班。为此,新领导对张鑫的印象非常好。之后的日子里,领导总是格外关照张鑫。后来因为部门主管升任经理,大家都对主管的职位虎视眈眈,但是,经理直接把这个位子给了张鑫。

从这个案例可以看出,维护领导的颜面在很大程度上就是成全自己。如果你对领导尊重、维护,领导才会器重你,帮助你。那么维护领导颜面我们该怎样去做呢?

首先维护领导的决定,即使领导有错,也不当众指出。领导的面子主要就体现在员工的维护上,当领导做出决定,员工顺从并积极响应,会让领导格外荣耀。相反,领导会觉得自己员工不尊重自己,当你需要领导帮忙的时候,领导不愿出手相助。领导有错时,只要没有太大关系,就不要当面指出。如果错误非常明显,并且必须要纠正的时候,也要学会用巧妙的方法,例如眼神、手势等,避免将错误摊开给别人看,让领导没有面子。

其次领导犯错时,要实时给领导台阶下。人非圣贤,孰能无过,领导也有犯错的时候。所以当意识到领导犯了错误时要宽容对待,不能得理不饶人。如果不给领导台阶下,那最终受伤害的终会是自己。

最后处处给领导争面子。高情商的员工不是在领导犯错时努力给领导保住面子,而是在日常工作中发挥自己的才能给领导争取面子,例如做出优异的成绩,完成一项艰难的任务,这些都可以让领导觉得自己管理有方,脸上有面儿。

总之,想要自己有面子首先就得顾及他人的颜面,尊重是相互的,只要你维护了他人,将来你需要帮助的时候,对方也会义不容辞地维护你。

在两个孩子已经到了上高中的年龄。可是就两家的经济状况，供一个高中生实在有些费力，于是二人又想到老孙，想跟他借钱来供孩子读书。可是这次，老孙一口回绝了小南的父母，答应了小丽的父母。他对自己的妻子说："当初在上学的问题上，我确实无能为力，毕竟做什么事情都要讲原则，我没有想到，自己费了半天力气得来的竟然是小南父母的抱怨。现在钱的事情我自己能做主了，但是我却不想借给他们这种不懂得感恩的人，在这方面，小丽的父母要强很多。即使借给他钱，我心里也舒坦。"

所以，当你拜托别人办一件事情的时候，即使事情没有办成，你也不能心生抱怨，同时还要对对方表示感谢。这样就会给办事的人增加信心，促进双方之间的关系，从而为下一次请求帮助做好感情的铺垫。

在求人办事的问题上，你应该端正态度，无论谁，只要答应你帮忙就一定会尽心尽力地完成，即使因为某种原因没有成功，但是对方也付出了相当多的努力。如果这时，你连一句感谢的话都没有，那对方就会感到心寒，从而再也不想与你这种人有任何来往。很多时候，人们之所以会愿意帮助别人，并不是想从中获得什么好处，只是为了得到对方的一份认可。所以，当你请求别人帮忙的时候，无论事情成功与否，你都要表示感谢，要知道在这个世界上，心存感激是保持人际交往最根本、最有效的方法，只要用宽容的心态去理解别人，感激别人，你将逐渐变成一个会办事的人。

PART 15 思虑周全办事不会惹人不开心

第五节　宽容面对没有成功的帮助

求人办事未必件件成功。毕竟在有些事情上，人的能力是有限的，所以即使别人答应帮忙，也不能保证事情万无一失。当事情没有办成时，有的人首先会用狭隘的心态去凭空猜测，认为对方出于主观原因没有努力，从而使事情失败，然后心中暗自怨恨，甚至下定决心不再与对方来往。事实上，这样的做法对人际交往非常不利。因为这一次对方因为某些原因没有给你帮上忙，并不意味着这个人从此对你来说就一无是处。或许下一次，或许在其他方面，他仍然可能助你一臂之力。所以，即使这一次事情没有办成，我们仍然要用宽容的态度地去面对帮忙者，努力从客观的角度找原因，只有这样，一段良好的关系才能得以维护。

老孙算是村子里有出息的人。过去几年，他专门倒卖山货，后来成立了一个山货公司，还在城里买了房子。于是村子里的人只要有事就去找他。

村子里的小南和小丽马上就要小学毕业了，父母都想让他们到城里读中学，但是因为户口的关系，他们不能被城里的学校所接收，于是小南和小丽的父母就找到了老孙，希望他能够从中周旋，跟孩子争取到机会。

看在乡亲上门拜托的分上，老孙表示自己愿意去试试，至于结果怎样，他自己也不知道。之后的几天，老孙到处托人找关系，希望尽自己的努力去给孩子们争取到上学的机会。然而学校有学校的规定，很多人都始终坚守原则，实在无法通融。于是老孙这件事情并没有办成。

当小南和小丽的父母得知了这件事情以后，他们都感到非常失望。小南的父母很生气，心想："一定是老孙没有用心去做，还不是没捞到我们什么好处，看来这个人根本就不可靠。"于是下定决心将来有事不会再找他了。小丽的父母虽然遗憾事情没有成功，但是他们想："虽然事情没有办成，但是老孙的确已经尽力了，我们也得好好谢谢人家。"于是小丽的父母专门去向老孙表示了感谢，并且依旧很好地联系。

转眼几年过去了，小南父母和老孙的关系依旧没有好转，虽然见面会说上几句话，但是根本没有当初乡亲见面那般热情。小丽一家和老孙一如往常，甚至比平时更好一些，毕竟在当初上中学的事情上，老孙曾经出了不少力气。现